Hauke & Molin Dressler

Reisen lieben lernen

HAUKE & MOLIN DRESSLER

Reisen lieben lernen

Vater und Tochter auf einem Roadtrip in Afrika

Mit 52 farbigen Fotos,
zwölf Schwarz-Weiß-Abbildungen
und einer Karte

MALIK

Mehr über unsere Autorinnen, Autoren und Bücher:
www.malik.de

Wenn Ihnen dieses Buch gefallen hat, schreiben Sie uns unter Nennung des Titels »Reisen lieben lernen« an *empfehlungen@piper.de*, und wir empfehlen Ihnen gerne vergleichbare Bücher.

Zum Schutz der Persönlichkeitsrechte wurden die Namen einiger im Text beschriebener Personen geändert.

MIX
Papier | Fördert gute Waldnutzung
FSC® C083411

PRODUZIERT MIT VERANTWORTUNG

ISBN 978-3-89029-599-2

www.piper.de
Für einen direkten Kontakt und Fragen zum Produkt wenden Sie sich bitte an: *info@piper.de*
Redaktion: Margret Trebbe-Plath, Berlin
Fotos im Innenteil, Bildteil und in der hinteren Innenklappe: Hauke Dressler
Karte: Marlise Kunkel, München
Satz: Tobias Wantzen, Bremen
Gesetzt aus der Scala
Litho: Lorenz & Zeller, Inning am Ammersee
Druck und Bindung: CPI books GmbH
Printed in EU

Inhalt

Prolog

Um uns herum herrscht eine so tiefe Dunkelheit, dass die Scheinwerfer unseres Dachzelt-Campers sie kaum durchdringen können. Nur wenige Meter der sandigen Straße vor uns sind sichtbar, daneben ein kleiner Ausschnitt der Böschung aus Steppengras und dornigen Sträuchern.

Unsere Nerven sind angespannt, denn wir müssen auf jeden Fall einen Schlafplatz finden, einfach irgendwo in der Landschaft campen können und wollen wir nicht. Doch wo sollen wir hier unterkommen, mitten im Nirgendwo? Wie konnte es überhaupt passieren, dass wir uns so in der Zeit verkalkuliert haben und in dieser Einöde gestrandet sind?

Langsam fahren wir weiter und rücken dabei instinktiv näher zusammen, soweit es unsere Autositze zulassen – als könnten wir uns auf diese Weise, mit vereinter Kraft, der Dunkelheit und allem Unbekannten entgegenstemmen.

Plötzlich blitzt links im Scheinwerferkegel ein weißblaues Rechteck auf, ein Hinweisschild, das hier mitten in der Wildnis Simbabwes wie ein außerirdischer Fremdkörper wirkt. »Zwelabo Secondary School« steht auf dem Wegweiser, was das Ganze noch seltsamer macht, denn wir sind meilenweit vom nächsten Dorf entfernt.

Wir stoppen direkt vor dem Schild, um es genauer zu inspizieren: Unter dem Namen der Schule erkennen wir ein wappenartiges Logo mit einer Schreibfeder und einer stilisierten Fackel darauf, darunter die Worte: *»Knowledge is Power.«* Wissen ist Macht. Ganz unten weist ein Pfeil mit dem Zusatz »5 km« nach rechts, und weil wir dort einen vertrauenerweckenden Ort vermuten, da eine Schule etwas ist, das wir zu kennen glauben, folgen wir der winzigen Seitenstraße in Richtung des Pfeils.

Nach zehn Minuten holpriger Fahrt versperrt uns ein Tor aus Maschendraht den Weg, und ein Ende des Zauns ist weder rechts noch links davon in Sicht. Lediglich ein Feld, das wie ein Fußballplatz aussieht, erkennen wir direkt dahinter.

Ratlos stehen wir vor dem verschlossenen Eingang, doch als wir noch überlegen, was wir tun sollen, tritt ein älterer Mann aus der Dunkelheit in unser Scheinwerferlicht und öffnet uns die Pforte. Er stellt sich als Lehrer Bheki Raba vor und erlaubt uns sofort, unseren Allrad-Camper auf dem Fußballfeld abzustellen: »Kein Problem, ihr könnt hier schlafen«, sagt er und winkt uns herein.

Wir sind erleichtert, lachen und scherzen, als wir im Schein unserer Taschenlampe das Dachzelt aufbauen: Jeder Handgriff sitzt, selbst im Dunklen – mittlerweile sind wir ein eingespieltes Team.

Elektrisches Licht scheint es weit und breit keines zu geben, wir sehen weder beleuchtete Fenster noch Außenlampen, auch ein Schulhaus erkennen wir nicht, lediglich die Schatten einiger länglicher Gebäude ragen jenseits des Fußballfeldes auf. Trotzdem fühlen wir uns nicht eine Sekunde unwohl, als wir dort in der warmen Nacht stehen, allein unter hunderttausend Sternen, während uns der trocken-grasige Savannenwind um die Nase weht.

Als wir schließlich die letzten Zeltstangen befestigen, taucht überraschend der Lehrer noch einmal auf. »Gleich findet eine Schulveranstaltung mit den Kindern statt, wollt ihr mit mir kommen und daran teilnehmen?«, fragt er mit einem erwartungsvollen Lächeln auf den Lippen.

Trotz der Gebäudeschatten, die wir mehr ahnen als sehen, kommt die Ansage, dass sich hier gerade Schüler aufhalten, recht unerwartet. Wie kann das sein? Es ist doch schon spät und vollkommen still!

Unsere Neugier ist geweckt, und nur allzu gern begleiten wir Herrn Raba im Licht seiner Handlampe, an den flachen

Häusern vorbei, zu einem etwas größeren Gebäude weiter hinten auf dem Gelände.

»Wir feiern die Abendmesse. Ihr seid herzlich willkommen!«, teilt der Lehrer uns mit, als er uns die sperrige Tür aufhält und wir vorsichtig in das unbeleuchtete, etwas muffig riechende Schulgebäude treten, um dem ersten afrikanischen Kindergottesdienst unseres Lebens beizuwohnen.

Wir laufen über einen lehmig-steinigen Boden um zwei Ecken herum und finden uns in einem Raum wieder, der so düster ist, dass wir über seine Größe nur Vermutungen anstellen können. Nur gerade so lässt sich ausmachen, dass das Gebäude ein zusammengestückeltes Bauwerk ist, mit Spalten und Sprüngen in den rau verputzten Wänden und einer rohen hölzernen Dachkonstruktion mit Wellblech darüber. Das einzige Licht stammt von einer nackten Glühbirne, die provisorisch an der Decke hängt und durch eine Autobatterie gespeist wird, die auf dem Tisch darunter steht.

Die Beleuchtung ist so schwach, dass sie nur einige wenige Kindergesichter erhellt, die sich über den Tisch beugen, die restlichen verbleiben im Schatten, und wir können nur anhand von Geräuschen – Atmen, Rascheln, Flüstern – erraten, wie viele Menschen im Raum sind. Doch wir spüren ihre Anwesenheit deutlich, ebenso wie die zahlreichen neugierigen Blicke, die auf uns ruhen: Fremdlinge wie wir kommen hier anscheinend nicht allzu oft vorbei.

»Wir haben Besuch aus Deutschland«, erklärt Bheki Raba den Kindern. »Heute Nacht werden die beiden unsere Gäste sein und in ihrem Autozelt auf dem Fußballplatz schlafen.«

»Willkommen!«, rufen die Kinder aufgeregt im Chor, und erst jetzt hören wir, dass es ziemlich viele sind.

»Hallo!«, grüßen wir zurück, und dann beantworten wir ein paar Fragen zu unserer Reise, wobei sofort auffällt, wie gewählt und in welch perfektem Englisch sich die Jungen und Mädchen ausdrücken, obwohl sie höchstens dreizehn oder vierzehn sind.

Dann beginnt der Gottesdienst mit einem Gebet: Die Kinder falten die Hände, senken ihre Köpfe, und Sekunden später wallt ein hohes homogenes Murmeln durch den Raum, das an den Wänden widerhallt und in jeden der dunklen Winkel dringt, bis es auch uns vollständig einhüllt und ausfüllt. Wir halten beide die Luft an, so schön und fremd hört es sich an.

Und dann, als wir denken, dass es kaum noch intensiver und ergreifender werden kann, beginnen die Kinder zu singen! Hell und klar erheben sich ihre Stimmen schwere- und körperlos in diesem finsteren Raum, erst zwei-, dann dreistimmig, zu einem Kanon, der wie Frage und Antwort klingt, und obwohl wir die Worte nicht verstehen, die Kinder nicht sehen, scheint die Bedeutung klar: Dies ist eine Lobpreisung, ein Willkommensgesang, über den sich zuletzt in perfekter Harmonie das Sopransolo eines einzelnen Kindes legt, bevor in englischer Sprache der Refrain folgt: *»No turning back, no turning back, no turning back!«*

Intuitiv treten wir einen Schritt nach vorn und sehen uns an – und entdecken, dass wir beide Tränen in den Augen haben. In diesem Moment sind wir angekommen, nebeneinander, miteinander und fühlen uns einig, mit den Kindern, mit der Welt und mit uns selbst.

Kapitel 1

Aufbruch – Wie alles begann

Herbst 2018 bis Frühjahr 2019,
Deutschland/Bremen

Molin Das Hämmern an meiner Zimmertür erinnert mich extrem an die Disco-Bässe von gestern Abend. Ich blinzele kurz, blicke zum Fenster, sehe das graue Bremer Regenwetter und ziehe mir die Bettdecke über den Kopf.

»Bäm ... bäm ... bäm«, dröhnt es in meinem Kopf.

»Molin, aufstehen, es ist halb zwölf!«, höre ich die Stimme meines Vaters, die noch durchdringender ist als sein Klopfen. Wie immer, wenn er mich um diese Uhrzeit weckt, schwingt dieser genervte und ungeduldige Unterton mit: »Na los, du kannst doch nicht dein ganzes Leben vergammeln!«

Mein ganzes Leben. Was soll denn das jetzt heißen? Ich bin doch gerade erst mit der Schule fertig geworden, habe mein Abi in der Tasche, da hab ich mir doch wohl etwas Erholung und Entspannung und ein paar ausgelassene Partys verdient.

»Ja gleich!« Ich bin ebenfalls genervt, berechtigterweise, immerhin bin ich vor ein paar Monaten achtzehn geworden, Papa hat also genau genommen überhaupt kein Recht, mich so herumzukommandieren.

»Jetzt!«

»Moment noch ...« Mein ganzes Leben. Übertreibt er da nicht ein bisschen? Und was meint er überhaupt? Die letzten Wochen, in denen ich endlich mal chillen konnte? Oder meine Zukunft? Ich habe keinen blassen Schimmer, wie die aussehen soll, und will auch nicht darüber nachdenken. Das wird sich schon finden. Einige meiner Freundinnen haben sich zwar schon an der Uni eingeschrieben, ein paar andere wollen eine Asienreise machen, aber das klingt mir alles viel zu anstrengend. Ich hab eigentlich zu nichts so richtig Lust, außer mit meinen Freundinnen Party zu machen und mit meinem Freund abzuhängen – obwohl unsere Beziehung im Moment eher suboptimal läuft. Die Wahrheit ist, ich habe keinen Plan.

»Komm in die Gänge, Molin, los, ich hab 'ne Idee!« Papa lässt einfach nicht locker, und so quäle ich mich aus dem Bett, schleppe mich ins Bad und betrachte mein zerknautschtes Katergesicht im Spiegel. Ich seufze und tue mir jetzt schon leid – wenn Papa eine Idee hat, artet das meistens in Arbeit aus.

»Was hältst du davon, wenn wir zusammen eine Fernreise unternehmen? Ganz weit weg ... einen Roadtrip, mit einem Land Rover und Dachzelt oder so was in der Art?«, fragt Papa eine halbe Stunde später, als wir zusammen in der Küche sitzen, ich zum Frühstück, er zum Mittagessen. Da meine Eltern getrennt leben, gibt es hier nur uns zwei: Meine jüngere Schwester Lotta ist bei meiner Mutter geblieben, während ich mit meinem Vater zusammenwohne.

»Wie bitte?« Ich blicke von meiner Müslischüssel hoch und denke, dass ich mich verhört haben muss. »Was hast du gesagt?« Eigentlich bin ich mit meinen Gedanken gerade woanders, bei meinem Freund nämlich, mit dem ich mich gestern heftig gestritten habe. Ich überlege, wie es mit uns weitergehen soll.

Also was war das denn da gerade eben, hat Papa wirklich einen gemeinsamen Urlaub vorgeschlagen? Hält er mich für ein Baby? Als meine Schwester und ich noch klein waren, standen Familienreisen ans Mittelmeer nämlich regelmäßig auf dem Sommerprogramm.

Ich sehe nach draußen in den trüben Himmel und stelle mir die Reaktion meiner Freundinnen vor, wenn ich ihnen erzählen würde, dass ich mit meinem Vater in Urlaub fahre, und dann auch noch zum Campen: Oh Gott, wie uncool ist das denn! Nicht für eine Million würde ich mit meinem Vater wegfahren!

»Ich dachte an Südafrika«, sagt mein Vater, »Mosambik, Simbabwe, Sambia vielleicht – und Namibia ...«

»Oh!«

»Wär' das nicht was?«

Ich verschlucke mich an meinem Müsli und bekomme einen Hustenanfall. »Weiß nicht ...«, keuche ich, während mein Vater mir auf den Rücken klopft.

»Alles okay?«

»Ja!« Ich muss erst mal verdauen, was ich da gehört habe, mein Gehirn muss es verarbeiten, das geht nicht so schnell. Afrika! Ich versuche, mir das vorzustellen ...

»Wir könnten zusammen 'ne richtig tolle Zeit haben«, sagt mein Vater, und jetzt hört er sich an wie ein Motivationscoach.

»Hm, ja vielleicht ...«, sage ich zögerlich. Ich finde die Idee eigentlich gar nicht so uncool. Im Gegenteil: Sie triggert etwas in meinem Inneren, ruft dort eine seltsam aufgeregte Freude hervor, eine unbestimmte Sehnsucht – wie einen alten, halbvergessenen und dennoch vertrauten Kindheitstraum. Ich denke an mein altes Kuscheltier, Matata den Plüschlöwen, an die tollen Afrikafotobände, die ich früher bei meinem Opa so gerne angeschaut habe, denke an fremde ferne Länder, und mein Herz macht einen Sprung. Meine Neugier ist geweckt! Und während ich auf die Regentropfen starre, die draußen an der Scheibe grau in grau hinunterlaufen, kann ich nicht anders, als meine Gedanken in sonnige orangefarbene Weiten abdriften zu lassen – ich sehe endlose Savannen vor mir, krasse Sonnenuntergänge und spannende Safaris durchs Löwen- und Elefantenland.

»Du müsstest dir aber das Geld für den Trip selbst verdienen, die Flugkosten, Impfgebühren ...«

»Hä?« Echt jetzt? Das ist doch wohl nicht sein Ernst. Und die Impfungen ... klar, die braucht man wohl, wenn man sich in Afrika nicht irgendwas einfangen will.

»Welche Impfungen denn?«

»Tollwut, Cholera, außerdem Malariaprophylaxe ...«

Mann, klingt das verlockend. Ich hab wirklich überhaupt keinen Bock auf so was, aber jetzt habe ich schon »vielleicht« gesagt, da kann ich ja wohl schlecht einen Rückzieher machen. Und eigentlich will ich das auch gar nicht. Das aufgeregte Kribbeln in mir wird stärker. Ich werde es irgendwie schaffen, das Geld zusammenzukriegen, locker – Papa wird schon sehen.

»Okay!« Ich nicke entschlossen.

Hauke

Jetzt bin ich überrascht. Ich hatte zwar gehofft, dass Molin zustimmen würde, aber so ganz traue ich ihrem schnellen Einverständnis nun doch nicht. Seit meine Tochter vor zwei Jahren zu mir gezogen ist, gibt es immer wieder diese alterstypischen Reibereien. Auch wenn sie mittlerweile volljährig ist, bin ich schließlich nach wie vor ihr Vater, und als solcher will ich ihr natürlich mit gut gemeintem Rat und unterstützender Tat zur Seite stehen – obwohl ich vielleicht hin und wieder übers Ziel hinausschieße.

»Lass mich in Ruhe. Das geht dich nichts an!«, ist eine von Molins Standardantworten, und zumindest manchmal hat sie recht – in ihre Beziehungsgeschichten jedenfalls mische ich mich nicht mehr ein, obwohl ich spüre, dass es derzeit nicht gut läuft mit ihrem Freund. Vielleicht ist das ja ein

Grund für ihre miese Laune und die fehlende Motivation, irgendetwas anzufangen. Vielleicht ist es aber auch einfach diese besondere Lebensphase voller Ungewissheiten und Zukunftsängste, die ihr Sorgen bereitet und sie bedrückt.

»Ich war noch ein gutes Stück jünger, als ich zum ersten Mal mit meinem Vater auf große Reise ging ...«, versuche ich mit ihr ins Gespräch zu kommen.

»Ich weiß.«

»Und das Reisen kann dich vieles lehren, es kann dir Dinge zeigen, dir Begegnungen verschaffen, vielleicht sogar eine Richtung weisen, wo vorher keine war.«

»Also eigentlich hab ich im Moment genug Begegnungen ...«

»Bei mir jedenfalls war es so.« Ich lasse mich nicht beirren und beobachte, wie Molin den Rest ihres Müslis aus der Schüssel trinkt. »Mich hat das Unterwegssein immer wieder aufs Neue weitergebracht, es hat mich selbstsicherer gemacht und mich letztendlich sogar dazu bewogen, Reisefotograf zu werden!«

»Schon gut, ich hab verstanden! Ich komm ja mit, hab ich doch schon gesagt!«, grummelt Molin und verdreht die Augen. Dann erhebt sie sich schwerfällig vom Tisch.

»Super!« Ich kann mir ein Grinsen und eine letzte Bemerkung nicht verkneifen: »Wie wär's, wenn du deine freie Zeit nutzt, um ein wenig über Afrika zu lesen, dich zu informieren, herauszufinden, was du dort tun und sehen willst?«

»Mhm ...« Und schon tippt meine Tochter wieder auf ihrem Handy herum, und ich bin mir sicher, dass sie keine Afrika-Recherche betreibt. »Muss erst mal meinen Freundinnen davon erzählen«, nuschelt sie und schlurft ohne ein weiteres Wort zur Tür hinaus.

Trotz – oder vielleicht wegen – dieser Holprigkeiten habe ich das starke Bedürfnis, noch einmal Zeit mit meiner Tochter zu verbringen, noch einmal Vertrauen und Nähe zwischen uns zu spüren, bevor sie ihrer eigenen Wege geht.

Darüber hinaus würde ich sie wirklich liebend gern für irgendwas begeistern, auch wenn das kein leichtes Unterfangen ist: Immer wieder bemühe ich mich, sie für etwas zu interessieren, spreche mit ihr, versorge sie mit Büchern und Magazinen, um vielleicht ein paar Träume und Wünsche aus ihr herauszukitzeln, und natürlich handelt es sich bei meinen Vorschlägen meistens um das, was ich selbst gerne mache – Reisen, eine Leidenschaft, die ich wiederum von meinem Vater mitbekommen habe. Ich war gerade mal fünfzehn, als er – seinerseits Fotograf und Architekt – mich zum ersten Mal mit nach Amerika nahm und mir beibrachte, wie man in der Fremde zurechtkommt. Mit sechzehn bin ich bereits alleine durch Indien gereist, und danach gab es kein Halten mehr: Mein Vater hatte etwas in Gang gesetzt, hatte mich mit seiner Reiselust infiziert, hatte sogar die Weichen gestellt für meinen beruflichen Werdegang, wofür ich ihm noch heute dankbar bin. Umso schmerzlicher trifft es mich, dass unsere gemeinsamen Reisen nur noch in der Erinnerung existieren – in meiner Erinnerung, denn aus dem Gedächtnis meines Vaters sind sie bereits verschwunden.

Ich seufze und beginne, den Tisch abzuräumen. Auch ich muss mich auf den Weg machen, nicht zu meinen Freunden oder Freundinnen wie Molin, sondern zum Haus meines Vaters, dessen Demenzdiagnose nun schon fünf Jahre zurückliegt. Ein Pflegedienst kümmert sich um ihn, und einen Großteil dieses Sommers habe auch ich mit seiner Betreuung und Pflege zugebracht, die sich immer aufwendiger gestaltet, da seine Krankheit ungebremst voranschreitet: Ich bin mir vollkommen bewusst, dass dies eine Reise ist, die wir nicht gemeinsam erleben können, doch will ich ihm wenigstens auf seinem Weg zur Seite stehen, so gut ich es vermag. Und so besuche ich ihn mehrmals die Woche, sehe nach dem Rechten, helfe beim Einkaufen, Saubermachen, den Alltagsdingen.

Heute steht ein Friseurbesuch auf dem Programm, und während ich Molins Frühstücksreste wegräume, sind meine Gedanken für einen Moment genauso trübe wie der Himmel draußen: Meine Tochter ist wahrhaftig nicht die Einzige, die nicht weiß, wo es langgeht! Nicht nur jungen Menschen ergeht es so, auch ich hadere seit Wochen mit allem so viel wie selten in meinem Leben. Denn immer wieder muss auch ich die richtige Entscheidung, den richtigen Weg, meinen »inneren Kompass« finden, und mein Vater führt mir jeden Tag vor Augen, dass dieser Weg irgendwann zu Ende ist, dieser Kompass auf immer verloren.

Es tut weh zu sehen, wie seine Erinnerungen weniger werden, ihn Stück für Stück verlassen, wie er zunehmend orientierungsloser wird, und dieses Vergessen beflügelt meinen Wunsch, möglichst viele neue und intensive Momente zu erleben, zu sammeln und zu bewahren, was mir auf Reisen am besten gelingt – vielleicht kann ich so auch die Leidenschaft meines Vaters lebendig halten.

Ein wenig schwermütig mache ich mich auf den Weg, und während ich im Nieselregen aus Bremen hinaus, durch Vororte hindurch zum ländlich gelegenen Haus meines Vaters fahre, packt mich ein heftiges Fernweh: Ich will Molin die Welt zeigen, so wie er sie mir gezeigt hat!

Molin Okay. Erst mal muss ich Geld verdienen. Arbeiten. Es hilft ja nichts. Aber wie und wo kann ich am besten möglichst schnell möglichst viel Lohn einfahren?

Beim größten Automobilhersteller unserer Stadt wahrscheinlich – das Werk liegt schließlich ganz in der Nähe, und einige meiner Freundinnen haben schon mal dort gearbeitet, also bewerbe auch ich mich, mit gemischten Gefühlen, um an der Herstellung der schicken, teuren Karren mitzuwirken. Ich ahne natürlich, dass das nicht meine Lieblingsbeschäftigung sein wird, aber mir fällt gerade nichts Besseres ein – nicht, dass ich irgendeine Ahnung hätte, was denn mein Traumjob überhaupt sein könnte, aber so einfach wie die Stelle in der Autofabrik werde ich ihn garantiert nicht finden. Also Augen zu und durch.

Mittelmäßig motiviert trete ich ein paar Wochen später an einem weiteren farblosen Herbsttag meine Nachtschicht am Fließband an. Hier werde ich nun sechs endlos lange Wochen Einzelteile an Limousinen- und SUV-Karosserien schrauben und stöpseln, um das nötige Geld für die Afrikareise zusammenzukriegen.

»Also Papa, meine Freundinnen bekommen ihre Reisen alle zum Abitur geschenkt, keine muss sich die selbst verdienen …«, versuche ich es in der zweiten Arbeitswoche, während ich gerädert und übermüdet in der Küche sitze und ein spätes Mittagessen zu mir nehme. »Niemand muss so einen Scheißfließbandnachtjob machen wie ich, die anderen werden alle mit Belohnungen und Geschenken überhäuft: Mann, niemand muss sich so die Nächte um die Ohren schlagen wie ich!«

Papa lacht und zwinkert mir zu. »Jetzt übertreib mal nicht, Molinchen. Es zahlt sich bestimmt aus, du wirst schon sehen.« Er klopft mir vatermäßig auf die Schulter. »Und überhaupt, die Arbeitszeiten passen doch wie die Faust aufs Auge – sind die nicht völlig synchron mit deinen vorherigen Wach- und Partyzeiten?«, schiebt er noch hinterher, und das ist das Ende der Diskussion.

Also schleppe ich mich auch an diesem Abend wieder durchs nasskalte Oktoberwetter in den östlichen Bremer Stadtteil Sebaldsbrück, um meinen Platz am endlos scheinenden Band einzunehmen und stundenlang ein Auto nach dem anderen mit denselben monotonen Bewegungen abzufertigen: Handgriff rechts, Handgriff links, Akkuschrauber ansetzen, *Sirrrrrr, Brrrmmm, Klack,* Schraube fest. Weiter. Halt. Nächstes Auto. Was für ein Stress! Gerade mal eine Minute hab ich pro Fahrzeug, um Schrauben und Werkzeug in Position zu bringen und alles zu befestigen. Dazu dröhnt der Maschinenlärm in meinen Ohren, und das grelle Licht tut mir in den Augen weh. Das geht echt nur, wenn man seine Gedanken wandern lässt, und ich beginne in diesen Stunden, immer öfter an Afrika zu denken. Immer wieder stelle ich mir vor, was ich dort alles erleben werde, und meine Sehnsucht wächst, endlich von hier wegzukommen und unterwegs zu sein.

Und noch etwas Unerwartetes geschieht. In der dritten Woche, als ich mich an die Arbeitsroutine gewöhnt habe, merke ich, wie sich das Klima um mich herum wandelt: Haben meine männlichen Kollegen anfangs eher abschätzig auf mich runtergeschaut, so werde ich jetzt zunehmend mit Respekt behandelt und integriert. Und hey! Ich verdiene mein eigenes Geld! Das fühlt sich mindestens ebenso cool an, und als mich eines Nachts ein Mitarbeiter fragt, was ich denn mit dem ganzen Cash machen werde, da antworte ich voller Stolz: »Nach Afrika reisen!«

Geplant ist unsere Abreise für den kommenden März, und während meine Vorfreude mit jeder Woche größer wird, breitet sich gleichzeitig eine nagende Sorge in mir aus, die bisher eher im Hintergrund gelauert hat, sich aber nun nicht länger zurückdrängen lässt: die Sorge um meinen Großvater.

Opa Fritz' Zustand hat sich während des letzten halben Jahres kontinuierlich verschlechtert. Es steht nun sogar auf der Kippe, ob wir unsere Reise überhaupt antreten können, so viel Zeit nimmt Opas Versorgung auf einmal in Anspruch: Papa muss sich ständig um irgendwas kümmern, und ich helfe ihm dabei, wann immer ich kann. Ich habe Opa Fritz sehr gern, und es erschreckt mich, dass er immer hilfloser wird und so vieles vergisst, dass sein Leben gewissermaßen im Rückwärtsgang läuft.

Meine Arbeit am Fließband geht also geradezu nahtlos über in meine Betreuungsarbeit bei Opa Fritz. Nachdem ich gelernt habe, mich in der erwachsenen Arbeitswelt zu behaupten, lerne ich nun wie in einem Crashkurs – der garantiert ein paar entscheidende Stationen überspringt – den nächsten Schritt ins anstrengende Erwachsenenleben kennen: das Kümmern um jemand Hilfebedürftigen – als wäre ich plötzlich das Elternteil und Opa das Kind.

Ich weiß nicht, wie meine Zukunft aussehen wird, was das Leben noch für mich bereithält – doch wird mir in diesen Tagen und Wochen schmerzhaft bewusst, dass Opas Zukunft noch viel ungewisser ist als meine, dass er möglicherweise gar keine hat.

Hauke Heute ist der 28. Februar. Es ist fast Abend, und wir sitzen etwas erschöpft am Frankfurter Flughafen im Umsteigebereich, essen ein Sandwich und trinken Cola dazu. Vor den großen Fenstern der Wartehalle kann ich die Flugzeuge in der Dämmerung starten und landen sehen, auf und ab fliegen die Lichter, und ich genieße diese typisch gedämpfte Geschäftigkeit, die in Flughafengebäuden herrscht, ohne dass ich selbst etwas tun muss.

Unser Gepäck haben wir bereits eingecheckt, und den kurzen Leerlauf, die Pause nutze ich nun, um mich zu sammeln und meine Gedanken zu sortieren: Wir sind unterwegs! Unterwegs nach Südafrika! Ich kann es immer noch kaum fassen. Ich unternehme diese Reise nun tatsächlich mit meiner Tochter, allen Widrigkeiten zum Trotz, die sich uns in den letzten Monaten doch noch und immer wieder in den Weg gestellt haben.

»Papa, ich kann echt nicht glauben, dass wir jetzt wirklich hier sitzen!«, sagt Molin, als könne sie meine Gedanken lesen, dann beißt sie in ihr Käsebrötchen. »Die letzten Wochen waren voll krass, oder?«, sagt sie mit vollem Mund. »Aber jetzt sind wir unterwegs, und es gibt kein Zurück mehr.«

»So ist es!« Ich spüre ihre Aufregung und lehne mich im unbequemen Flughafensitz zurück, und während ich die Augen schließe, merke ich, wie mich eine tiefe Erschöpfung überkommt.

Die letzten Wochen und Monate waren in der Tat herausfordernd und haben an mir gezehrt wie selten etwas zuvor – vor allem ging es immer wieder um die Frage, ob mein Vater weiterhin in seinem Haus wohnen konnte oder ob er nicht doch in einer Pflegeeinrichtung besser aufgehoben war. Das Thema beschäftigte mich Tag und Nacht, wurde immer drängender, und obwohl es sich als eine der schwierigsten und kraftraubendsten Entscheidungen meines Lebens herausstellte, konnte ich nicht anders, als gleichzeitig unermüdlich die Vorbereitungen für Molins und meine Reise voranzutreiben – als wäre das mein Gegenpol, um mich im Gleichgewicht zu halten. Vielleicht war es auch eine Art Ansporn für uns alle, etwas, das ich zu Ehren meines Vaters unternehmen konnte, das mich gleichzeitig selbst vorwärtstrieb und mit positiven Gefühlen erfüllte. Es waren die Gedanken an unsere Reise, die mir halfen und mich weitermachen ließen mit all jenen lähmenden Fragen und Entscheidungen, die getroffen werden mussten.

»Derjenige, der fortgeht, ist nicht der Gleiche, der wiederkommt«, hat einmal ein alter Berber zu mir gesagt, und ich habe das Sprichwort verinnerlicht. Diese Sehnsucht nach der Ferne, nach Veränderung, nach dem *anderen* hat mir auch in den vergangenen Wochen dabei geholfen, nicht nur mich, sondern meine Umgebung und die Menschen in meinem Umfeld besser zu verstehen. Selbst meinen Vater, und nach langem Hin und Her, nach endlosem Abwägen und Überlegen traf ich schließlich Anfang Januar gemeinsam mit meiner Familie die Entscheidung für die Demenzpflegeeinrichtung.

Etwa zeitgleich gingen Molin und ich zur Impfberatung bei einem Bremer Tropenarzt, wir besorgten – und bezahlten – die notwendigen Impfdosen in unserer Apotheke, buchten unsere Flüge nach Johannesburg und reservierten einen Mietwagen mit Allradantrieb und Dachzelt, mit dem wir sechs Wochen lang rund 8000 Kilometer durchs südliche Afrika touren wollten. Und spätestens zu dem Zeitpunkt war klar, dass wir die Reise durchziehen würden.

»*Flight LH572 to Johannesburg is now boarding*«, reißt mich die Lautsprecherstimme aus meinen Gedanken, und wie elektrisiert springe ich auf, ergreife mein Handgepäck und meine Kameratasche. »Los! Rein mit uns!« Ich reiche Molin ihren Rucksack, und meine Tochter sieht müde, aber glücklich aus, als sie mich anlächelt: »Okaaay. Na endlich!« Ihre Augen leuchten auf, und während sie forsch zum Schalter schreitet, wirbeln in meinem Inneren die Emotionen nur so durcheinander: Es ist eine wilde Mischung aus Vorfreude und Angst – Angst, dass zu Hause etwas schiefgehen könnte, während ich weg bin –, doch letztendlich überwiegt die Neugier auf das Neue, auf das Ungewisse. Denn das ist es, was mich antreibt: Noch nie bin ich mit Molin allein verreist; es ist eine neue und deswegen so spannende Situation, die durch alte Erinnerungen noch angeheizt wird. Erinnerungen an Reisen mit der Familie, als meine Töchter klein waren, und an solche, die noch länger zurückliegen. Und plötzlich ist die Aufregung wieder da, die Vergangenheit wieder lebendig, ich fühle mich zurückversetzt und bin gleichzeitig ganz hier, in diesem Augenblick, als wir das Flugzeug besteigen, den Bauch voller Aufregung, den Kopf so voll schwindeliger Freude wie damals, als alle meine Reisen noch vor mir lagen.

Und als schließlich unser Flieger, eine Boeing 747, mit Getöse und Gepolter abhebt, als ich mit voller Kraft in meinen Sitz hineingedrückt werde, da lasse ich alle Anstrengungen der letzten Wochen hinter mir, genieße das Gefühl des Aufbruchs, des Abhebens – und schlafe wenige Minuten nach dem Take-off ein.

Kapitel 2

Der Hühnerfußmann

1. bis 3. März 2019,
Südafrika/Johannesburg

Molin Die Sonne senkt sich über Melville, jenem Stadtteil von Johannesburg, in dem wir heute übernachten werden. Es ist schwül, stickig, man kann die Hitze geradezu sehen, sogar riechen – flirrend, staubig und teerig hängt sie über dem Asphalt. Ich kann meine Augen nicht abwenden vom Geschehen auf der belebten Straße vor der Terrasse des kleinen Restaurants, in dem wir zu Abend essen. Erschöpfungs- und Adrenalinschübe wetteifern in meinem Körper, und ich bin etwas neben mir: Elf Stunden Flug, Schlafmangel und eine Flut von neuen Eindrücken lassen alles um mich herum unwirklich erscheinen – selbst die afrikanische Pizza mit Calamari, die vor mir auf dem Teller liegt.

Ich habe den tomatigen Tintenfischfladen fast aufgegessen, als mein Vater plötzlich aufspringt, den Hals reckt, um die Umgebung zu scannen, und mir dann einen Batzen bunte Geldscheine in die Hand drückt. Dabei ruft er aufgeregt: »Du bleibst hier und bezahlst, wenn jemand kommt, okay? Du bist hier völlig sicher, keine Sorge, ich bin gleich wieder da!«

Was? Keine Sorge?? Papa! Du kannst mich doch hier nicht einfach alleine sitzen lassen!

Doch, kann er. Was Papa jetzt nicht kann: die drei jungen Kerle vorüberziehen lassen, die gerade auf dem Gehweg vor dem Restaurant aufgetaucht sind. Zwei von ihnen tragen trotz der Hitze Nietenlederjacken und schweren, üppigen Schmuck – lederne Fingerringe, Ohrgehänge und Silberketten mit riesigen Anhängern, die das Wort *»RICH«* formen. Selbst im Dämmerlicht fallen ihre Sonnenbrillen und vor allem ihre Frisuren auf: Wie Kronen türmen sich die kunstvoll aufgedrehten Dreadlock-Dutts auf ihren Köpfen.

Die ganze Erschöpfung meiner schlaflosen Reisenacht ist wie weggeblasen, als mein Vater mit leuchtenden Augen auf die Straße geht und mich im Restaurant zurücklässt. Wer sind diese Männer? Nun, Papa wird es garantiert herausfinden. Das tut er immer. Doch heute, hier, auf diesem neuen Kontinent, in dieser fremden Stadt, in einem Viertel, in dem kaum andere Weiße sind, würde ich ausnahmsweise lieber nicht alleine irgendwo rumsitzen.

Von der Terrasse aus beobachte ich, wie mein Vater mit den drei Typen ins Gespräch kommt – lässig, lachend und gestikulierend nähern sie sich einander an. Ich muss grinsen. Typisch Papa: Jetzt hebt er seine Kamera, und die drei Männer, deren Erscheinung man durchaus als bedrohlich oder zumindest einschüchternd empfinden könnte, beginnen, fröhlich und bereitwillig für meinen Vater zu posieren.

Hauke Ich musste dieses Geschenk, das sich mir hier unverhofft präsentierte, einfach annehmen: Die drei sehen so toll aus, kommen so sympathisch und selbstbewusst rüber, dass ich nicht anders konnte, als auf sie zuzugehen, um ihre Geschichten zu hören und natürlich, um sie zu fotografieren. Solche Begegnungen sind Glücksmomente, und Fotos lassen mich von ihnen erzählen. Bilder bilden Erinnerungen, durch sie *bleiben* die Begegnungen – und mit ihnen das Glück.

»Hey, wie geht's? Wow, ihr seht toll aus! Ich bin Hauke aus Deutschland, und wie heißt ihr?« Alle drei grinsen mich an, und ich grinse zurück, denn die jungen Männer haben mir soeben etwas Wertvolles geschenkt: ihr Vertrauen.

Prince und Warren – die beiden mit dem extravaganten Styling – sind Zwillingsbrüder und arbeiten als professionelle Models, erzählen sie mir; Kevin, der Dritte, ist ihr Cousin, er begleitet sie heute Abend beim Ausgehen und Feiern. Wir erzählen uns, was wir so machen, und nach ein paar weiteren Minuten der Unterhaltung frage ich, ob ich sie fotografieren darf. Es ist ein wunderbarer Einstieg in diese Reise, denn nicht nur mache ich gleich zu Beginn ein solch besonderes Foto, sondern kann meiner Tochter außerdem zeigen, was für mich wichtig ist, worauf es mir ankommt.

Von Weitem sehe ich, wie Molin zu mir herübergrinst, mit der Bedienung redet und dann bezahlt. »Das ist meine Tochter Molin«, stelle ich sie vor, als sie sich anschließend zu uns gesellt. »Etwas erschöpft vom Flug sind wir schon, aber Molin wollte trotzdem noch mal losziehen, was erleben, Leute treffen, denn wir sind nur für ein paar Tage in der Stadt und wollen so viel wie möglich sehen. Nicht das touristische Johannesburg, sondern das authentische ...« Und während lächelnd Hände geschüttelt werden, schießt pure Freude durch meine reisemüden Glieder. Das ist es, was Reisen für mich bedeutet – nur hat das Glück nun eine weitere Dimension: Jetzt ist Molin dabei und damit auch ihre Sichtweise und Wahrnehmung.

Nach dieser besonderen Begegnung geht es gleich am nächsten Morgen ähnlich spannend und rasant weiter: Mit unserem Mietwagen fahren wir nach Soweto – kurz für »South Western Townships« –, um unseren Stadtführer zu treffen. Den Kontakt zu ihm hat einer meiner Kollegen, ein in Johannesburg lebender Journalist, hergestellt. Wenn man das wahre Leben sehen will, wenn man durch Türen treten will, die für normale Touristen verschlossen bleiben, dann muss man einen professionellen Guide anheuern – genauso mache ich es auch, wenn ich beruflich unterwegs bin.

Wir treffen Mophete an einer staubig-grauen Straßenkreuzung in der Nähe seines Hauses. Es ist schon wieder brüllend heiß, und es gibt kaum Grün hier, keine Schatten spendenden Bäume oder Sträucher, nichts außer Stein und Asphalt und Vorgärten mit bräunlichem halb vertrocknetem Gras. Um uns herum stehen unauffällige einstöckige Flachdachhäuser hinter soliden Mauern – jenen Mauern, hinter die die schwarze Bevölkerung während der Apartheid verbannt war. Wir sind nicht weit weg von Mandela's House, einem Museum in der Ziegelhütte, die der Widerstandskämpfer einst bewohnte, und Mophete fragt, ob er uns hinführen soll und was wir sonst noch sehen möchten, was wir von der gemeinsamen Tour erwarten.

»Nein, keine Touristen-Hotspots bitte«, erkläre ich ihm, »Molin und ich möchten sehen, wie es euch hier geht. Zeig uns gerne deine Lieblingsplätze. Was du interessant findest oder wo du aufgewachsen bist.«

»Okay!« Mophete grinst. »Ein bisschen kann ich euch ja unterwegs erzählen ...«

»... über die Townships? Ja bitte!«, erwidere ich, und während unser Guide zu uns ins Auto steigt, berichtet er, wie die Siedlungseinheiten entstanden sind: »1950 wurde von der Südafrikanischen Union der Group Areas Act erlassen – das war eines der folgenreichsten Gesetze und ein Grundpfeiler der Apartheidpolitik: Gemischte Nachbarschaften wurden untersagt, und uns Schwarzen wurde verboten, in den Städten zu wohnen. Also wurden für uns diese außerhalb gelegenen Siedlungen errichtet – die Townships.« Mophete geleitet uns um ein paar Straßenecken zum Haus seines Onkels, in dessen Vorgarten wir unseren Wagen parken sollen: »Da steht er sicherer als auf der Straße!«, sagt er, und nachdem wir Onkel und Cousine begrüßt haben, machen wir uns zu Fuß auf den Weg, denn auch das ist sicherer. Wenn man sich unter die Leute mischt, gehört man eher dazu. Mophete weiß genau, worauf es hier ankommt und wie man sich bewegen muss – und wir machen es ihm nach.

Im nächsten Vorgarten, vor einem luxuriösen Gebäude, steht ein schwarzer S500 Mercedes Benz. »Nur zwei Leute in Südafrika besitzen so ein Auto«, klärt Mophete uns auf, »eins gehört dem Präsidenten, das andere, also dieses, gehört dem Boss. *Der Boss,* das ist das Oberhaupt der Kriminellen hier. Er organisiert *Car-Nappings,* dealt mit geklauten Autos, Drogen, auch mit Menschen. Das da ist sein Haus.«

Ich nicke und hole meine Kamera nicht hervor.

Als Nächstes passieren wir das Haus einer Großtante von Mophete, davor spielen zwei Kinder, etwa vier und fünf Jahre alt. »Hier gibt es keine Eltern«, setzt Mophete seine Stadtführung fort, »beide sind tot, der Vater im Bandenkrieg erschossen, die Mutter an Aids gestorben.«

Ich schiele zu meiner Tochter hinüber und spüre, dass sie von den Erlebnissen, den Informationen der letzten halben Stunde überwältigt ist. Mute ich ihr zu viel zu? Als könne sie meine Gedanken lesen, dreht sie sich zu mir um und lächelt, und sie sieht zwar etwas gebeutelt, aber dennoch dankbar und berührt aus.

Eine kurze magische Sekunde lang fühle ich mich in meine eigene Jugend zurückversetzt, sehe meine ersten Reiseerlebnisse wieder vor mir, sehe mich in ihren Augen – und die Welt durch sie: War es nicht ganz genauso, als mich mein Vater auf meine erste prägende Fernreise mitnahm? Ich kann nur hoffen, dass mein Angebot an meine Tochter, unsere Tour durch Afrika, sie ebenso begeistern wird.

Molin Es ist hell, viel heller, als ich es von zu Hause kenne, gleißend, als würde die Sonne hier höher klettern. Sie scheint erbarmungslos auf die Häuser, in die Vorgärten hinter Mauern mit Stacheldraht und Scherben drauf, über die niemand klettern kann.

Seit einer ganzen Weile sind wir nun schon unterwegs in Soweto, das etwa eine halbe Autostunde von unserem Nachtquartier entfernt liegt, und ich muss immer wieder zu unserem Stadtführer hinüberschielen: Jedes Mal erschrecke ich mich ein bisschen, denn über sein Gesicht bis zum Hals zieht sich eine große eitrige Wunde, die fast so aussieht, als würde das rohe Fleisch offenliegen – in dieser brütenden Hitze ist es ganz sicher nur eine Frage der Zeit, bis die Fliegen kommen.

»*Thanks for showing us around!*«, sage ich in meinem besten Schulenglisch, ein bisschen unsicher, denn ich weiß nicht so recht, wie wir miteinander umgehen sollen, was jeder vom anderen erwartet. Doch Mophete ist von der ersten Sekunde an so locker, herzlich und unkompliziert, dass sich sämtliche Fragen und eventuelle Zweifel schnell in der vor Hitze flimmernden Luft auflösen, und je länger wir miteinander unterwegs sind, desto sicherer und entspannter fühle ich mich – nur Mophetes entstellende Verletzung lässt mich nicht los. Er tupft und cremt ununterbrochen an seinem Gesicht herum und ist so damit beschäftigt, dass mir bei seinem Anblick fast meine eigene Haut wehtut.

Ich muss Mophete wohl mit entsprechendem, vor Mitleid verzogenem Gesicht angesehen haben, denn nun nickt er mir freundlich zu. »*Acid!*«, erklärt er. Säure.

Ich frage mich, woher eine derartig große Säureverletzung im Gesicht kommen könnte, traue mich aber nicht, das Thema anzusprechen. Ich kenne diesen Mann ja gar nicht –

obwohl er mir durch sein gewinnendes Lächeln und sein aufmerksames Verhalten schon nach kürzester Zeit wie ein alter Freund vorkommt.

Gemeinsam wandern wir durch Sowetos Townships, und ich komme aus dem Staunen nicht heraus, so fremd und ungewohnt sieht alles aus. Ich glaube, ich habe immer noch nicht realisiert, dass ich nun wirklich hier bin – und was habe ich denn eigentlich hier in Afrika erwartet? Romantische Tiersafaris, Palmenstrände und kitschige Sonnenuntergänge? Also, da werde ich jetzt doch eines Besseren belehrt …

»Hey Honey, can you hold my umbrella for a second?«, reißt mich eine ältere Frau aus meinen Gedanken. Sie steht am Straßenrand, sorgfältig frisiert und geschminkt und in ein festliches grün-gold-rot gemustertes Kleid gehüllt, und natürlich halte ich gern für sie den grünen Sonnenschirm mit ANC-Logo, damit sie die Hände frei hat, um uns stolz einen bannerartigen Schal zu präsentieren, auf dem in großen Buchstaben *»REMEMBER MAMA WINNIE MADIKIZELA-MANDELA«* geschrieben steht.

Die Frau erzählt uns, dass sie gerade von einer Beerdigung kommt, und winkt uns kurz darauf in ihr Haus: *»Come on in! Come in!«* Ich traue meinen Augen und Ohren nicht: Sie lädt uns zu sich ein, obwohl sie uns überhaupt nicht kennt? So was würde in Deutschland nie passieren – schließlich kennen doch auch wir sie nicht! Könnte das womöglich eine Falle sein?

Mein Misstrauen ist wie weggewischt, als sie uns in ihrem Wohnzimmer herumführt, uns ihre Sammlung glänzender goldfarbener Gefäße, Vasen und Pokale zeigt und Geschichten dazu erzählt. Fotos darf Papa natürlich auch machen, und die Dame flirtet geradezu mit ihm und der Kamera – was beide ganz offensichtlich genießen.

Als wir uns schließlich verabschieden und weiterziehen, bahnt sich auch schon das nächste Highlight an: »*There's a wedding on my block, wanna go?*«, fragt Mophete beiläufig, und ich sehe, wie Papas Augen aufleuchten, was mich schmunzeln lässt. »*Yes*«, komme ich ihm zuvor, »*indeed!*« Auch ich will eine südafrikanische Hochzeit sehen!

Am Ort der Feierlichkeiten herrscht bereits jede Menge Trubel, auf den Bürgersteigen und vor den Häusern wartet eine bunt gemischte Menge auf die Braut, genauer: auf die *Bräute,* denn es ist eine lesbische Hochzeit, die erste in diesem Viertel, wie uns Mophete erzählt – und das macht dieses Event noch besonderer. Unter den Schaulustigen sind Nachbarn, geladene Gäste, zufällige Passanten, Leute wie wir – allerdings sind wir die einzigen Weißen, und dennoch werden wir herzlich empfangen und sind bald Teil dieser ausgelassenen Party. Und während mein Vater auf Fototour geht, bleibe ich bei Mophete und einigen seiner Freunde, unterhalte mich und wippe auf dem sengenden Asphalt zum Zulu-Rap, der aus einer Boombox schallt und dessen rhythmische Mischung aus traditionellen Klängen und Elektrobeats mir super gefällt.

Ich beobachte meinen Papa, der souverän mit den Leuten redet, zwischendurch noch schnell ein paar dicke Sandwiches für Mophete, dessen Freunde und mich besorgt – und während ich ins typische Township-Fast-Food namens Quarter beiße und Pommes, fette Wurst und Käse mit Ketchup zwischen den Zähnen spüre, staune ich nicht schlecht: unglaublich, wie Papa mit den Menschen umgeht, wie er genau zu wissen scheint, was in jedem Moment zu tun ist. Als hätte er sein Leben lang nichts anderes gemacht.

Er hat sein Leben lang nichts anderes gemacht! Der Gedanke durchzuckt mich wie ein Blitz. Jedenfalls sein ganzes Arbeitsleben lang.

In all diesem Neuen, in diesen sich ständig verändernden ungewohnten Bildern und Eindrücken, ist mein Vater das Vertrauteste, das Beständigste, was ich habe. Und dennoch scheine ich in diesen Stunden so viel Neues über ihn – und von ihm – zu lernen wie selten zuvor in meinem Leben.

Hauke Ich weiß, wo Mophetes Gesichtsverletzung herrührt, und ich wünschte, ich könnte mehr für ihn tun, als ihn großzügig zu bezahlen. Denn er ist nicht nur ein professioneller, sondern auch ein so integerer Guide, dass ihn das schon mehrfach in Schwierigkeiten gebracht hat. Ich habe lange überlegt, ob ich Molin davon erzählen soll, habe dann aber beschlossen, es erst einmal für mich zu behalten: Mophete ist wegen seiner Arbeit attackiert worden. Er hat Journalisten – Leute wie mich – durch die Townships geführt, um ihnen bei der Recherche zu helfen, doch die kriminellen Nachbarschaftsbewohner verlangten von ihm, seine Kundschaft auszurauben oder zu Orten zu führen, an denen sie ausgeraubt werden könnten. Mophete weigerte sich – was er mit seinem Gesicht und seiner Gesundheit bezahlen musste.

Umso bedeutsamer kommt mir deshalb unser völlig entspannter Nachbarschaftsbesuch im Haus von Mookgo Shongwe vor, einer Aktivistin, deren Partei African National Congress die Bewegung gegen die Apartheid anführte – auch Nelson Mandela war Mitglied des ANC, zu dem sich Mookgo bereits durch ihr Banner und ihren Sonnenschirm bekannt hat, den Molin für sie halten durfte.

Ich bin immer noch schwer beeindruckt von dieser starken Frau, als wir uns unter die zahlreichen Gäste der nicht minder beeindruckenden Hochzeit mischen, zu der Mophete uns eingeladen hat: Im Dezember 2006 hat Südafrika als erstes afrikanisches Land – und als fünftes Land überhaupt – die gleichgeschlechtliche Ehe eingeführt, und dass wir hier gleich Zeuge dieses denkwürdigen Gesetzesbeschlusses werden, empfinde ich als großes Privileg. Schon das Warten auf die Bräute ist spannend, das bloße Aufsaugen der Atmosphäre dieses traditionellen Flairs der Hochzeitsgesellschaft, die dem Volk der Zulu angehört – der größten der südafrikanischen Stammesgruppen. Dass dieses im Osten des Landes angesiedelte Kriegervolk besonders für seine Kreativität bekannt ist, wird uns sofort anhand der aufwendigen vielfarbigen Kleidung und Aufmachung der Gäste vor Augen gehalten. Erwartungsvolle Freude liegt so dicht und prall über allem wie Straßendunst und Mittagshitze und ist so ansteckend, dass man gar nicht anders kann als mitzureden, mitzulachen, mitzutanzen. Auch hier mache ich natürlich Fotos, stelle aber sicher, dass Molin zu jeder Zeit gut aufgehoben ist, entweder bei Mophete oder bei einem seiner Freunde.

Nach einer guten Stunde tauchen die Bräute dann endlich unter begeistertem Applaus auf – und sie sind wirklich wunderbar anzusehen: Eine Braut hat ein bisschen was von Wonder Woman, mit engem schwarz-weißem Schleppenkleid, üppigem hüftlangem Haar, das sicher nicht echt ist, und einem prachtvollen Kopfschmuck. Die andere kommt als ihr komplettes Gegenstück daher, unauffällig gekleidet, etwas gesetzt und burschikos, mit kurzer Raspelfrisur. Als sich die beiden vor versammelter Menge küssen, kennt der Jubel keine Grenzen.

»Ich möchte euch was zeigen!«, sagt Mophete kurze Zeit später, als sich die Party von der Straße ins Haus nebenan verlagert, und wir reißen uns los von Fröhlichkeit und guter Laune. »Was ganz anderes. Wenn ihr Mandela's House, also das Museum, nicht sehen wollt, dann zeige ich euch das Haus, in dem er sich versteckt hat, seinen Unterschlupf während des Exils, in Klipptown, dem ärmsten Viertel der Stadt.«

Wie gut, dass wir Mophete haben! Ohne ihn würden wir uns doch niemals in die Slums von Johannesburg wagen. Und wie zur Verstärkung begleitet uns von jetzt an auch noch einer seiner Freunde: Nun können wir auf zwei gute Geister an unserer Seite zählen – und auf zwei Bodyguards.

Auf unserem Weg fahren wir am Mandela Museum vorbei, sehen es von außen, umringt von Touristen, und ich bin froh, dass wir es links liegen lassen. Der Kontrast, der sich uns als Nächstes präsentiert, könnte größer nicht sein: Hinter dem modernen Viertel mit seinen luxuriösen Hochhäusern und Hotels wechselt das Bild schlagartig, fast so, als würde sich ein scharfer Riss durch die Landschaft ziehen, als wären hier zwei vollkommen gegensätzliche Szenen aneinandergeklebt, getrennt allein durch eine Eisenbahnstrecke. Links der Schiene: unermesslicher Reichtum, rechts davon: extremste Armut.

Wir stellen unser Auto vor einem der Hotels ab, um die Fußgängerbrücke, die über die Bahnlinie in die Slums führt, zu überqueren. Schon vor der Überführung treffen wir auf ein paar zerlumpte kleine Kinder, die uns mit beklemmend abgebrühtem Gesichtsausdruck anstarren, und ich habe das Bedürfnis, mit ihnen zu reden, sie kennenzulernen, trotz oder vielleicht wegen der Pistolen in ihren Händen. Obwohl es offensichtlich nur Spielzeugwaffen sind, handhaben sie die Dinger, als wären sie echt.

Um Kontakt aufzunehmen, knie ich mich nieder, lächle und mache ein Foto auf Augenhöhe. Neugierig kommen die Kids näher – sie wollen das Bild auf dem Display meiner Kamera sehen, und mit großen Augen und zahnlückigem Grinsen heben sie gleich darauf ihre Knarren und posieren noch einmal voller Stolz für mich.

Bevor wir danach weitergehen, drängt Mophete uns dazu, Getränkeflaschen zu kaufen: »Wenn du einen Drink in der Hand hast, dann wirkst du lässiger, verstehst du? Man sieht dir dann nicht an, dass du Angst hast ...«

Okay. Sofort wird eine Runde Cola gekauft. Und mit den Flaschen in den Händen machen wir uns auf den Weg, während sich in dem vor uns liegenden Panorama die ganze politische Zerrissenheit des Landes, die Trennung der gesellschaftlichen Gruppen, die Überlegenheit reicher weißer Afrikaner und Touristen widerspiegelt.

Molin Krass! So was habe ich noch nie gesehen! Ich hätte mir nicht mal vorstellen können, dass Arm und Reich nur einen Steinwurf voneinander entfernt liegen könnten: Auf der einen Seite diese megateuren Luxusbauten und gleich daneben das absolute Elend. Auf dem Boden türmen sich Müllberge, deren Gestank die Luft verpestet, dazwischen lehnen provisorisch zusammengeschusterte Wellblechhütten, jede höchstens ein paar Quadratmeter groß, die aussehen, als wären sie aus Müllresten oder Fundstücken zusammengebastelt. Oder wie etwas, das wir uns als Kinder im Garten oder im Wald gebaut hätten – nichts passt richtig zusammen, die Dächer hängen durch und sind rostig, die Seitenwände sind schief, verschiedenfarbig und mit Graffitis besprüht. Rostlöcher wurden notdürftig zugeklebt oder mit Plastikplanen abgehängt, und zwischen den Hütten, über dem stinkenden Abfall, sind jede Menge Wäscheleinen voller Kleidung zum Trocknen gespannt. Ich kann mir kaum vorstellen, wie hier jemand leben kann.

Wieder zurück auf der anderen Seite der Brücke fahren wir mit dem Auto weiter in die Slums hinein, dringen tiefer und tiefer in sie vor. »*Where are we going?*«, frage ich und spüre, wie meine Nervosität steigt. »*Klipptown. Mandela's house, where he was hiding before he went to jail*«, sagt Mophete, bevor wir wieder aussteigen, und zum ersten Mal auf unserem Trip habe ich das Gefühl, dass auch mein Vater verunsichert, wenn nicht sogar ein wenig ängstlich ist. Seine Kamera hat er jedenfalls weggepackt, und auch ich traue mich kaum noch, mit dem Handy Fotos zu machen von den ruinenartigen Häusern, an denen wir vorbeikommen und die fast so kaputt sind, als würde hier Krieg herrschen: eingestürzte Wände, zerbrochene Fenster, zerfallene Treppen, wohin man schaut. Die Straße vor den Häusern ist eingesackt, die Kanalisation liegt offen, Abflussrohre ragen aus dem Asphalt, und es riecht nach Fäkalien und fauligem Fleisch.

Ich fühle mich zunehmend unwohl, meine Haut kribbelt, als wolle sie sich aus dem Staub machen, und meine Nackenhaare stellen sich auf. Vor einem Haus, auf einer kaputten Stufe, sehe ich ein junges Mädchen sitzen, zwölf oder dreizehn Jahre alt. Ihre nackten Füße versinken im Siff auf dem Boden, die Farbe ihrer zerrissenen Klamotten kann man kaum erkennen, und der Blick ihrer Augen ist leer. Ihr Leben scheint bereits zu Ende zu sein, bevor es überhaupt beginnen konnte, und das verstört und berührt mich gleichzeitig und treibt mir Tränen in die Augen.

Und dann kommt er plötzlich auf uns zu, dieser Mann, wie aus dem Nichts, zielstrebig und mit starrem Blick, und mit ihm erreicht uns ein schrecklicher, unerträglicher Gestank aus Zigarettenrauch und Schweiß.

Ich traue mich nicht, ihn anzusehen, reflexartig krampft sich alles in mir zusammen, und ich spüre nichts als ein körperliches Unbehagen – und dann einfach nur noch Angst. Was will dieser Typ von uns?

»*What are YOU doing here? This is not your hood, you're not supposed to be here!*« Die Stimme des Mannes vibriert vor Ärger und Aggressivität, und ich kann seinen schlechten Atem riechen, den er uns entgegenstößt wie eine Warnung. Ich spüre förmlich, wie schmutzig und heruntergekommen er ist, obwohl ich meinen Blick ganz auf die dreckverkrusteten Füße des Mannes fixiere, auf seine Zehen und die ungeschnittenen Fußnägel, die wie Klauen aus seinen zerfledderten Sandalen ragen. Ich verfalle in eine Art Schockstarre und bewege mich nicht mehr.

Hauke Ich sehe mir den Mann genau an: Er ist ungepflegt, schmierig, und seine Haare sind verfilzt. Die wenigen Zähne, die er noch im Mund hat, stehen schief und schwarz zwischen seinen aufgesprungenen Lippen. Ich erkenne winzige Pupillen und ein irres Flackern in seinen Augen, als er uns anspricht, und das versetzt mich nicht nur in Sorge, sondern in größte Alarmbereitschaft: Ich versuche, mir nichts anmerken zu lassen, doch vermute ich, dass wir einen verzweifelten Drogensüchtigen vor uns haben.

»Was macht ihr hier? Was wollt ihr? IHR DÜRFT HIER NICHT SEIN! Zeigt mir mal eure Pässe, ich muss eure

Pässe sehen!«, sagt er drängend, laut, mit einem drohenden Unterton in der Stimme.

Ich bemühe mich, ruhig zu bleiben: »Die haben wir nicht dabei, sorry, ich kann dir keine Pässe zeigen!« Ich weiß nicht, wie er darauf reagieren wird, und habe das Gefühl, dass wir in eine wirklich brenzlige Situation geraten sind.

Der Mann kommt einen weiteren Schritt auf uns zu, er ist jetzt eindeutig zu nah, bedrängt uns kampfbereit, und ich höre Molin neben mir scharf einatmen. Ich spüre ihre Angst. Ich spüre meine Angst.

»Zigarette?«, fragt Mophetes Freund plötzlich, und mit einem freundlichen Nicken reicht er dem herausfordernd wartenden Mann seine angerauchte Lucky Strike hinüber: »Alles gut, Bro, wir sind doch Freunde!«

»Hm?« Der Typ hat mit solch einer Geste der Freundlichkeit wohl nicht gerechnet.

»Und wie wär's mit ein paar Hühnerkrallen?«, fügt Mophete entwaffnend lächelnd hinzu. »Komm Mann, ich lade dich ein!«

Nicht weit von uns steht ein Straßenhändler, der auf einem einfachen Grillgerät Hühnerabfälle – Füße, Köpfe und Hälse – brät. Wie krustige Brandopfer, deren Todeskampf noch zu erkennen ist, liegen verkrümmte Krallen, geöffnete Schnäbel und zerrissene Kröpfe auf dem Rost, und kurz darauf lassen sich Mophete, sein Freund und der Drogensüchtige je eine Portion des bedauernswerten Federviehs schmecken.

»Ey, und warum esst *ihr* nichts?« Der Mann starrt mich mit zusammengezogenen Brauen an, rümpft die Nase und entblößt seine schlechten Zähne. Er ist wohl doch noch nicht ganz besänftigt. »Seid euch wohl zu gut für so was, he? Esst wohl nur die Brüste und Schenkel und lasst für uns den Abfall übrig!« Er schnaubt und grunzt – und hat natürlich recht.

Bevor die Situation doch noch entgleist, verwickelt Mophete den Mann in ein Gespräch, stellt ihm jede Menge Fragen, lenkt ihn ab, und nahezu unauffällig können wir uns derweil zurückziehen, zu unserem Auto, das ein paar Häuserecken entfernt steht.

Wir alle stoßen hemmungslose Seufzer der Erleichterung aus, als Mophete schließlich nachkommt, reden gleichzeitig auf ihn ein und bedanken uns, dass er uns aus der Situation gerettet hat, bevor wir unbehelligt losfahren, aus den Slums hinaus und in die Dämmerung hinein.

Unterwegs drehen wir noch eine Kurve um Nelson Mandelas verfallenes Exilhaus herum, ohne unser Auto jedoch zu verlassen oder auch nur anzuhalten. Und während wir die gefährliche Gegend hinter uns lassen und auf dem Weg in harmlosere Gefilde sind, bewundere ich nicht nur, wie geschickt Mophete uns aus dieser Situation herausgeholt, sondern auch, wie ruhig meine Tochter sie gemeistert hat.

»Was meint ihr, jetzt müssten wir doch eigentlich zum Abschluss noch irgendwas Besonderes machen, oder?«, frage ich in die Runde. »Was besonders Entspanntes, um diesen Tag irgendwie relaxt zusammen ausklingen zu lassen! Mophete, hast du 'ne Idee?«

Molin Mir zittern noch immer die Knie von der Begegnung mit dem Hühnerfußmann, doch unser Location-Wechsel hat mich direkt aus der Szene herauskatapultiert. Die Wechsel geschehen hier so rasant, dass man kaum hinterherkommt – es gibt so viel zu sehen und zu bestaunen, dass keine Zeit zum Nachdenken bleibt. Und keine Zeit für zu viel Angst.

Neugierig sehe ich mich um: Im Dämmerlicht mache ich neben dem Straßenlokal, zu dem Mophete uns geführt hat, Flachdachhäuser hinter Zäunen und zwischen Werbetafeln und dahinter die Abraumhalde einer Goldmine aus. Hinter mir reihen sich einfache Wellblechhütten aneinander – auch hier wieder könnten Armut und Reichtum kaum näher beieinanderliegen! In rhythmischen Abständen wird die Szenerie vom Blaulicht der patrouillierenden Polizeiwagen beleuchtet – ich bin mir noch nicht sicher, ob ich deren geballte Anwesenheit hier beruhigend oder eher beunruhigend finden soll.

Doch auf der Straße vor mir herrscht beste Partystimmung an diesem Samstagabend, junge Leute stehen in Gruppen zusammen, lachen, trinken Bier, und aus den offenen Türen des Restaurants schallt Hip-Hop-Musik herüber, zu der einige Leute im Takt wippen. Am liebsten möchte ich mich zu ihnen stellen und mit ihnen lachen, denn Tanzen und Lachen sind Dinge, die auch ohne Sprache funktionieren.

»Hey, I haven't seen any white folks here in ages«, spricht mich plötzlich eine junge Frau mit coolen Piercings und knapper Bluse an, *»girl, you are brave!«* Sie lacht, und ich zucke kurz zusammen und frage mich, ob ich das als Drohung empfinden soll – selbst mit meinem Schulenglisch verstehe ich, dass sie mein Auftauchen als Weiße hier mutig findet. Zu mutig? Ich kann ihre Worte nicht sofort einordnen, bin wohl auch nach dem vorher Erlebten immer noch in einer Art Wachsamkeitsmodus. Die junge Frau scheint meine Zweifel zu bemerken: *»Hey, that's great«*, fügt sie schnell hinzu, dabei lächelt sie mich so offen und herzlich an, dass mein Angstgefühl verpufft.

Die Frau stellt sich als Eliza vor, sie ist in meinem Alter, und Minuten später sind wir ins Gespräch vertieft. Eliza will genau wissen, wo ich herkomme und warum ich hier bin, und ich erzähle ihr von Bremen, von unserer Reise und wie es dazu kam. Staunend über meine Möglichkeiten und Freiheiten berichtet sie aus ihrem Leben, und obwohl das ganz anders aussieht als meins, sind unsere Wünsche einander gar nicht mal so unähnlich. Das verbindet uns sofort, doch gleichzeitig trennt uns auch etwas: Ich fühle mich ungeheuer privilegiert, dadurch, dass ich hier sein kann. Wäre eine solche Reise auch für Eliza möglich? Darf sie so grenzenlos reisen wie ich, hat sie dieselben Möglichkeiten, dieselben Chancen, oder gibt es Hürden, finanzielle Limits, komplizierte Visa oder Genehmigungen zum Beispiel?

Ich schüttele den Kopf, traue mich nicht zu fragen, aus Angst, überheblich zu wirken, und schiebe diese Überlegungen erst mal beiseite. Eliza sprudelt vor guter Laune und Lebensfreude, ich lasse mich anstecken, und für eine gute halbe Stunde reden wir, tauschen Erfahrungen und Instagram-Accounts aus: Es ist, als würden wir uns schon ewig kennen, und ich fühle mich nicht mehr annähernd so fremd, wie ich wahrscheinlich aussehe.

Aus dem Augenwinkel nehme ich wahr, dass mein Vater lächelnd zu uns hinüberschaut, seine Kamera jetzt wieder draußen und im Anschlag, eine Art Messgerät für unsere Sicherheit.

»*Cheers!*«, sagt Eliza, dabei grinst sie in die Kamera, und ich toaste ihr mit Savannah Cider im Plastikbecher zu, und trotz des hinter uns liegenden langen Tages, trotz seiner Fülle von Erlebnissen und Spannungen, oder gerade deswegen, fühle ich mich lebendiger denn je.

Hauke Beeindruckt blicke ich auf meine Tochter, die sich anfangs etwas schüchtern, dann jedoch immer selbstsicherer mit den anderen Gleichaltrigen unterhält. Ich beobachte, wie sie rasch integriert und Teil der Gruppe wird, mache ein paar Fotos von den feiernden jungen Leuten, die deutlich mehr Interesse an Molin als an mir zeigen, und fühle mich glücklich und lebendig – auch am Ende eines solch unglaublichen Tages!

Mophete hatte vorgeschlagen, ihn in Diepkloof ausklingen zu lassen, einem Township im Osten Sowetos, das genau zwischen Mandela's House und dem Apartheid-Museum von Johannesburg liegt. Hier befindet sich das angesagte Pizzalokal Chicken Dinner Chilli Pepper, in einer Straße, die Samstagnacht zur Partymeile vor allem für junge Leute wird. Doch auch ich fühle mich hier pudelwohl, spüre die Spannung der letzten Stunden von mir abfallen und einer glücklichen Erschöpfung weichen. Ich wische mir den Schweiß von der Stirn. Selbst draußen ist es jetzt noch schwül und stickig, die Abendluft bringt keine Erleichterung, und der schwülstige Großstadtgeruch mit seinem vielschichtigen Aroma aus aufgeheiztem Asphalt, Essensdüften und Autoabgasen tut ein Übriges: Ich sehne mich nach einer Dusche! Auf meiner Haut, in meinen Haaren und Klamotten klebt diese verschwitzte Stadt, diese fremde Stadt, die uns schon längst nicht mehr so fremd ist wie noch heute Morgen.

Nach einer entspannten Stunde brechen wir auf, bringen Mophete und seinen Freund nach Hause – nicht ohne vorher spontan beschlossen zu haben, morgen einen weiteren Tag mit ihm zu verbringen – und machen uns auf den Weg zurück zum Stadtteil Melville, der mit seinen viktorianischen Häusern und feinen Vorgärten in einer anderen Welt zu liegen scheint. Es kommt mir wahrhaftig Jahre her vor, dass wir heute Morgen von unserem Bed and Breakfast dort aufgebrochen sind!

Bei unserer Fahrt durch die Dunkelheit achte ich penibelst darauf, nicht anzuhalten, das macht hier kein Autofahrer nachts, sondern an Kreuzungen und rote Ampeln langsam heranzufahren, damit kein *Car-Napper* die Gelegenheit bekommt, uns eine Pistole an die Stirn zu setzen. Wir erreichen unsere Unterkunft unbehelligt, ich genieße die ersehnte Dusche in unserem kleinen Quartier, das eigentlich nur aus zwei einfachen Schlafstätten und einem winzigen Duschbad besteht, und als ich mich erschöpft auf eins der Betten fallen lasse, sehe ich zu meiner Tochter hinüber, die auf dem anderen sitzt und etwas in ihr Tagebuch schreibt. Ich bin stolz auf sie, bewundere, wie sie diesen Tag gemeistert hat, an dem Gegensätze aufeinandergeprallt sind, wie sie größer nicht sein könnten: Mir selbst erschienen sie gewaltig, wurden sie doch nun noch einmal verstärkt, geradezu multipliziert, durch die Anwesenheit meiner Tochter und meine Verantwortung für sie.

Ich lege mich zurück aufs Kissen, schließe die Augen, und die vergangenen Ereignisse laufen noch einmal vor mir ab. Ich wünschte, mein Vater könnte uns sehen, könnte seine Enkelin dabei erleben, wie sein Erbe, seine Begeisterung fürs Reisen schon an diesem allerersten Tag weitergetragen wurde. Ich freue mich darauf, sechs Wochen mit meiner Tochter unterwegs zu sein, mit ihr Tausende Kilometer durch mehrere Länder dieses Kontinents zu fahren. Ohne die Augen zu öffnen, frage ich: »Was hast du in dein Tagebuch geschrieben?«

»Dass dies der schönste Tag meines bisherigen Lebens war!«, antwortet Molin leise, und ich kann meine Tränen nicht zurückhalten, so glücklich und dankbar bin ich – für diesen Satz und für diesen Tag!

Molin

Die Aufregung der gestrigen Erlebnisse steckt mir noch in den Knochen, als Papa am nächsten Morgen vorschlägt, das Apartheid-Museum zu besuchen. Ich hab echt keine Lust auf ein Museum, würde lieber gleich durch die Straßen ziehen, doch Papa sagt, dass es wichtig sei. Na gut.

Nach dem Frühstück brechen wir also auf, nach Goldreef City nahe dem Johannesburger Stadtzentrum, denn dort liegt das Museum, und schon als wir uns am Eingang die Tickets kaufen, überfällt mich ein komisches Gefühl. Es gibt nämlich zwei Eintrittstüren. Über der einen steht *»Whites«*, über der anderen *»Non-Whites«*, und per Zufallsprinzip werden alle Besucher in die eine oder andere Kategorie sortiert, je nachdem was auf ihrem Ticket steht – und so spüre ich vom ersten Moment an, wie sich die Rassentrennung angefühlt haben muss: Ich habe keine Wahl!

Als wir dann durchs Museum schlendern, fühle ich mich zwiegespalten. Ich sehe mir alles ganz genau an, die Schriftstücke, Waffen, Verbotsschilder, auch die vielen Fotos, die neben Mahnmalen und Gedenktafeln die Zeit der Apartheid dokumentieren, und tatsächlich verstehe ich zum ersten Mal in meinem Leben, was damals geschah. Dass Schwarze und Weiße nicht mal dasselbe Klo benutzen durften, kann ich mir kaum vorstellen, und mit jedem Schritt durch die Ausstellung realisiere ich deutlicher, wie wenig mir in der Schule über das Leben der schwarzen Bevölkerung in Südafrika beigebracht wurde. Ich hatte keine Ahnung, dass Menschen aufgrund ihrer Hautfarbe enteignet wurden, dass sie weder wählen noch studieren noch sonst am Alltag der Weißen teilnehmen durften. Gleichzeitig kommen mir die Ausstellungsstücke, die Informationstafeln und zweidimensionalen Fotos sehr abstrakt vor, die kühlen, cleanen Räume hier passen nicht richtig zu dem, was in ihnen erzählt wird, und sie spiegeln auch nicht das wider, was ich gestern auf den Straßen von Johannesburg gelernt, erlebt und empfunden habe. Mann, warum weiß ich so wenig über dieses Land, trotz Abitur!?

Als wir das Museum nach wenigen Stunden verlassen, kämpfe ich mit gemischten Gefühlen und weiß nicht, ob ich berührt, beklemmt, beeindruckt oder erschreckt sein soll.

»*Hey my friend, how are you?*«, begrüßt mich Mophete mit einer höflichen Umarmung, als wir uns kurz darauf im hippen Maboneng-Viertel in der Nähe des Stadtzentrums treffen.

»*Great! Thank you!*« Ich grinse ihn an, und das Vertrauen ist sofort wieder da: Mophete wiederzusehen fühlt sich genauso entspannt an, wie einen guten Freund zu treffen, und als wäre er genau das, erkunden wir zusammen die coole Nachbarschaft, hören uns das Straßenkonzert einer Rap-Band an und besuchen die Urban-Food-Abteilung des Market on Main, Johannesburgs angesagtestem Sonntagsmarkt. Hier werden Spezialitäten aus verschiedenen afrikanischen Ländern angepriesen und verkauft, und die kräftigen Stimmen der Händler durchdringen die Luft genauso intensiv wie die vielschichtigen Gerüche exotischer Gewürze – ich weiß gar nicht, wo ich in dem farbenfrohen Gewimmel zuerst hingucken soll! Sattgrüne Humuspasten, goldgelbe Falafel, gebratene, in Kohlblättern servierte Gemüsegerichte lassen mir das Wasser im Mund zusammenlaufen, und ich würde hier wirklich gern alles probieren.

»*That looks good!*«, sage ich mit Blick auf eine große Gemüsepfanne voller Nüsse und Kokos. »*That's Matapa, from Mozambique*«, erklärt Mophete, und ich nehme eine Portion. Ist das lecker! »*It's yummy, you want some?*« Ich lasse Mophete kosten, während ich schon zur nächsten Pfanne schiele.

Anders als gestern in den Townships sind hier wesentlich mehr Weiße und Touristen unterwegs, die wie wir durch die Marktstände stöbern, essen, einkaufen und sich um die quirligen Händler scharen, und ich genieße den bunten Trubel und das rhythmisch-fröhliche Lebensgefühl total – nur ganz entfernt, irgendwo in meinem Hinterkopf, sitzt ein vages Bedrohungsgefühl wie ein kleiner Grusel fest.

Sind wir hier sicher? Sicherer als gestern? Schnell schiebe ich die Bedenken weg: Auf diese Stadt kann und will ich mich voll einlassen, ich kann und will ihre Gefahren aushalten, vielleicht weil meine Neugier siegt. Vielleicht aber auch dank Mophete, durch den ich gelernt habe, was man nicht googeln kann. Von dem ich mir abgeschaut habe, wie man sich bewegt, wen man anguckt und wen nicht, wo man hintritt und wo nicht – Verhaltensregeln, die man als normaler Tourist nicht kennen würde, dieses besondere Gespür, das kein Reisebuch vermitteln kann.

Hauke Bevor wir heute mit unserem Guide zusammengetroffen sind, habe ich mich tatsächlich etwas schutzlos auf den Straßen gefühlt – dennoch wollte ich keine Shoppingmall besuchen oder einen der typischen Sonntagsausflüge der Weißen in bewachte Sportarenen oder Parks machen, weswegen ich das Museum vorgeschlagen habe.

Der Besuch schien mir wichtig, da mich in meiner Jugend die Freiheitskämpfe stark beschäftigt haben: Als wir das Thema in der Schule durchnahmen, war die Geschichte ja noch keine Vergangenheit, sondern lebendige Gegenwart, und durch sie ist Soweto ein klangvoller Name für mich geworden. Soweto, das seit dem Aufstand 1976 als Symbol des

Widerstandes in der Apartheidsära gilt, denn hier erhoben sich die Schüler, hier demonstrierten sie gegen die Bildungsungerechtigkeit und für gleiche Chancen an den Schulen, bevor die Unruhen von der Polizei blutig niedergezwungen wurden. Es gab zahlreiche Todesopfer, was zu landesweiten Streiks führte und den Widerstand weiter anheizte – und am liebsten hätte ich mich ihm damals, als ich selbst noch Schüler war, angeschlossen. Gestern fünf der dreißig Townships von Soweto gesehen zu haben, hilft mir, die Geschichte noch besser zu verstehen, und ich wünsche mir, dass auch meine Tochter sie versteht.

Doch so sicher ich mich im geschützten Raum des Museums auch fühlte – es hat mich doch überrascht, dass Molin von der Geschichte dieses Landes so gut wie keine Ahnung hat. Gerade gestern noch sind wir in Soweto am Hector Pieterson Memorial vorbeigekommen, einem Mahnmal, das das Bild eines getöteten Jungen in den Armen eines älteren Schülers zeigt: »*Honour the youth who gave their lives in the struggle for freedom and democracy*« ist darunter zu lesen, und mir wird klar, dass es junge Leute in Molins Alter waren, die die Aufstände angeführt haben, für ihre Rechte aufgestanden sind und in diesem Kampf ihr Leben ließen. Diejenigen, die nicht ermordet wurden, hatten weitere Jahrzehnte der Rassentrennung vor sich, und während ich in Deutschland frei und privilegiert aufwuchs, kämpften die Jugendlichen hier weiter für ihre Freiheit, ihr halbes Leben lang. Erst am 26. April 1994 fanden die ersten freien und demokratischen Wahlen in Südafrika statt, nach rund 150 Jahren Apartheid, und als Sieger ging ein gerade aus jahrzehntelanger Haft entlassener Freiheitskämpfer hervor: Nelson Mandela.

All das beschäftigt mich und füllt meinen Kopf, als wir nach dem Museumsbesuch Mophete auf seinen Wunsch hin im Maboneng Precinct, dem schillerndsten Viertel der Stadt, treffen. Hipsters und Fashionistas geben sich hier die Klinke in die Hand, und im starken Kontrast zum Museum pulsiert und vibriert die Amüsiermeile vor jugendlicher Geschäftigkeit. Molin will sich auch gleich ins Getümmel stürzen, und es fällt mir heute schon leichter als gestern, sie mit Mophete losziehen zu lassen, sie ein wenig weiter wegzulassen von mir, denn jetzt weiß ich: Sie kann das! Nach den gestrigen Abenteuern und allem, was wir durch sie gelernt haben, bewegen wir beide uns nun um einiges sicherer und zuversichtlicher durch die Stadt.

Während die beiden also unterwegs sind, mache ich mich auf die Suche nach spannenden Menschen und stoße ganz in der Nähe auf einen extravaganten Typen mit Videokamera, der auf dem Gehweg vor einer Galerie mit ein paar Darstellern einen Afro-Jazz-Musikclip dreht.

»Hey du! Du gefällst mir!«, grinst mich der junge Mann an, als ich meine Kamera hebe, um ein Foto zu machen. »Willst du hier mitmachen, als Darsteller?«

»Oh, was? Ja gern!«, entgegne ich strahlend vor Glück!

»Okay. Links rüber, bitte, ja, genau auf den Bordstein, jetzt die Kamera hoch, Hauke? Hauke, ja, bitte fotografieren, während ich filme, und lächeln«, führt der Künstler, der sich als »Fresh Prince of Harare« vorstellt, souverän Regie, dabei gestikuliert er wild, und ich bin fasziniert – nicht nur von dieser Person, die vor positiver Energie nur so sprüht, sondern auch von der Spontaneität Johannesburgs, die es möglich macht, derart unbeschwert zusammenzukommen.

Aber da ist noch mehr: »Fresh Prince of Harare« … Könnte dieser Mann aus Harare, der Hauptstadt Simbabwes, sein? Das Land liegt auf unserer Reiseroute, und ich habe seine Einwohner bereits in der Vergangenheit als die freundlichsten Menschen im südlichen Afrika erlebt. Fresh Prince jedoch übertrifft sie alle und ist zudem weit weniger zurückhaltend als manch anderer Exilant, der in Südafrika sein Glück sucht. Und so verabschieden wir uns nach dem Videodreh wie Freunde und Kollegen – nicht ohne unsere Instagram-Profile auszutauschen.

Anschließend kehren wir drei dem Künstlerviertel den Rücken, und Mophete führt uns zum CBD, dem Central Business District der Stadt. Schon von Weitem erspähen wir den Ponte-Tower, Afrikas angeblich gefährlichstes Hochhaus: Etwa 170 Meter hoch ragt der runde Turm dunkel über Johannesburgs Zentrum hinaus, ein Wahrzeichen und beliebtes Touristenziel, obwohl sein Inneres auf 45 Etagen verwahrlost, vermüllt und ein Paradies für Gangster ist.

»Nein, ich glaube, das brauchen wir uns nicht näher anzusehen«, entscheide ich, »egal, wie gut der Ausblick von dort oben auch sein mag.« Wir lassen den Tower links liegen und bleiben dem Inneren des Geschäftsviertels fern, so lautet auch Mophetes Rat: Nur verirrte Touristen halten sich sonntags dort auf, erzählt er uns, und die Gefahr eines Überfalls ist einfach zu groß. Denn selbst – oder gerade – in den scheinbar sicheren Vierteln, in denen wir heute unterwegs sind, ist besondere Wachsamkeit geboten. Diebe jagen schließlich am ehesten dort, wo sie Beute wittern. Also genau hier.

»Ich glaube, es ist genug«, sage ich am frühen Abend und schaue erst Mophete, dann meine Tochter an: Molin sieht fertig aus, abgefüllt, satt, vielleicht sogar übersättigt. Wir haben einen Punkt erreicht, an dem wir nichts mehr aufnehmen können. Zudem will ich uns keiner weiteren gefährlichen Situation aussetzen, und als hätte Mophete meine Gedanken gelesen, sieht er erst auf seine Uhr, dann mit zusammengekniffenen Augen in die untergehende Sonne.

»Um halb acht ist es dunkel«, sagt er. »Ihr solltet versuchen, vorher zu Hause zu sein.«

»Okay«, entgegne ich, denn ich weiß, dass nächtliche Autofahrten um jeden Preis zu vermeiden sind.

»Noch was ...«, fährt Mophete fort, »folge niemals deinem Navi. Das Gerät hat keine Ahnung, es zeigt dir die kürzeste, aber niemals die sicherste Route an. Siehst du die Straße da geradeaus? Nimm die nicht. Auf keinen Fall. Fahr außen ums Zentrum herum!«

»Alles klar!« Ich bedanke mich, und wir verabschieden uns. Molin und ich hatten ohnehin vor, heute zeitig zu unserer Unterkunft in Melville zurückzukehren, da wir morgen früh in Richtung Mosambik aufbrechen wollen.

Molin Ich spüre die Gefahr, die vor uns liegt, ganz deutlich. Trotz der Hitze jagt sie mir kalte Schauer über den Rücken, Angstschauer, denn wir mussten plötzlich anhalten und stehen nun im Dunklen im Stau. *»Don't ever stop at night, never ever ... never ever«,* hallen Mophetes Worte in meinem Kopf nach.

Doch dafür ist es jetzt zu spät.

»Scheiße! Papa, was ist da vorne los?« Wir befinden uns mitten im Worst-Case-Szenario, vor dem wir so eindringlich gewarnt worden sind! Und es ist meine Schuld. Ich habe uns durch die Stadt navigiert, ums Zentrum herum, habe mich dann vertan und eine falsche Ausfahrt gewählt.

Das bläuliche Lichterflimmern einiger Polizeiautos erhellt die Nacht vor uns. Wir können nicht weg oder wenden, können einfach nicht entkommen und rollen stattdessen näher und immer näher an die Szene heran, die sich vor uns auf dem Highway abspielt: Überall stehen schwer bewaffnete Polizisten herum, einige winken die Autofahrer weiter. Ich weiß nicht, wo ich hingucken soll, und schiele verstohlen aus dem Seitenfenster: »Da liegen Menschen auf der Straße!«, zische ich erschreckt, und nehme aus dem Augenwinkel wahr, dass mein Vater grimmig nickt. Er scheint kein bisschen überrascht zu sein, während ich nicht glauben kann, was ich da sehe: Zwei der am Boden liegenden Männer heben die Köpfe, mehrere Polizisten halten Maschinengewehre auf sie gerichtet, während etwas weiter hinten ein lebloser Körper in einer Blutlache liegt.

»Papa, ist der tot??«

Mein Vater zuckt knapp mit den Schultern.

»Ich hab noch nie 'nen toten Menschen gesehen ... oh mein Gott! Was machen wir denn jetzt?«

»Ruhig bleiben! Wir können eh nichts tun, und die Gefahr scheint schon vorbei zu sein«, sagt Papa, während er aufmerksam das Geschehen beobachtet und schließlich seine Kamera vom Rücksitz greift.

»Was?!« Ich glaub das nicht – alles, woran er jetzt denkt, sind seine Fotos? »Echt jetzt? Muss das sein? Bitte fotografier nicht! Wenn das jemand mitkriegt und es nicht will, dann hängen wir gleich selbst mit drin. Wir haben doch überhaupt keine Ahnung, was da los ist, wer die Leute sind ...!« Instinktiv ducke ich mich, als könnte mir jeden Moment ein Kugelhagel um die Ohren fliegen. »Bitte nicht!«, kann ich gerade noch flüstern, als ich das Klicken des Kameraauslösers höre.

Hauke

Wir können nicht anders, als an der Szene vorbeizurollen, da es ein Highway ohne Wende- oder Ausfahrmöglichkeit ist. Mir ist mulmig, und ich weiß kaum, ob der Schweiß auf meiner Stirn von der Hitze oder meiner Nervosität herrührt. Ich erinnere mich genau an die Warnungen von Mophete: »Niemals nachts anhalten! NIEMALS!« – als läge ein Fluch über den nächtlichen Straßen von Johannesburg. Als würden sie sich bei Sonnenuntergang verwandeln in eine von Schattenwesen beherrschte Welt.

Aber nun stecken wir hier fest, die Autos stehen zusammengepfercht auf dem Highway wie eine Herde Vieh, und niemand kann weg. In ernsthafter Gefahr sind wir wohl nicht, immerhin ist die Polizei schon da. Doch das hätte auch anders laufen können – und plötzlich wird mir klar, welch große Rolle der Zufall spielt: Wären wir etwas früher hier vorbeigekommen, wären wir mitten in die Schießerei hineingeraten. Wir haben Glück gehabt! Nicht nur hier und jetzt. Auch in den letzten Tagen hätte sich manches anders abspielen können ...

Noch in Gedanken bemerke ich, dass ich meine Kamera in der Hand habe, und wie aus einem Reflex heraus halte ich die Szene neben mir – die Straße, die Menschen, die blendenden Blaulichter der Polizeiwagen – durchs geschlossene Autofenster fest. Als Journalist kann ich einfach nicht anders, doch nach drei blitzschnellen Fotos nehme ich die Kamera sofort wieder runter und bin froh, dass niemand sie bemerkt zu haben scheint.

Als wir eine Viertelstunde später in unserer Unterkunft ankommen, atmen wir beide auf. Molin sieht mich an: »Mann, das war echt gruselig. Dass wir so was erleben müssen, hätte ich echt nie gedacht! Und dann schon gleich am zweiten Tag! Was passiert uns wohl morgen, kann es überhaupt noch krasser werden?«

Weiß ich selbst nicht. Aus Erfahrung weiß ich aber, dass es das kann. »Wir werden sehen«, sage ich zurückhaltend.

»Wir werden sehen …«, echot meine Tochter, während sie sich in ihre Kissen fallen lässt. Ich bin mir nicht sicher, ob ich Erschöpfung, Genervtheit oder Unbehagen aus ihrer Stimme heraushöre, und frage mich schon ein wenig besorgt, wie die Ereignisse wohl auf sie gewirkt haben.

»Also Papa. Sag doch mal. Was kommt als Nächstes?« Jetzt dreht sich Molin zu mir um, und ich muss an den »Fresh Prince of Harare« denken, dessen richtiger Name Nicom Muza lautet. Gemeinsam sehen wir uns ein paar YouTube-Videos von ihm an. Sofort springt die positive Energie von vorhin wieder auf mich und hoffentlich auch auf Molin über – *mind happy: searching for you* heißt der Song, zu dem wir heute das Video gedreht haben, und der Text ist Programm: *»You've been searching for me, I've been searching for you …«* Wie ein Fingerzeig aus der Zukunft ist mir dieser faszinierende Mensch heute hier in Johannesburg über den Weg gelaufen, als wollte er uns den nächsten Schritt weisen, denn über ihn bekommen wir Zugang zu einer uns noch unbekannten Welt: Harare, Simbabwes Hauptstadt, in der ein Cousin von Nicom lebt, mit dem er uns bereits via Social Media verbunden hat. Und wieder einmal erkenne ich, was mir Reisen bedeutet: die Begegnungen mit Menschen, die uns zu neuen Menschen und durch sie zu neuen Erlebnissen und Abenteuern führen, die wir alleine niemals finden würden.

Kapitel 3

Dick- und Dünnhäuter

4. bis 8. März 2019,
Südafrika/Kosi Bay und Mosambiks Küste

Molin Wir sind unterwegs! Nachdem wir heute Vormittag ewig lange eingekauft und gepackt haben, sind wir nun endlich *on the road*. Johannesburg liegt hinter uns, und vor uns erstreckt sich eine hügelige grasige Weite – das Land wirkt grenzenlos, besonders nach der dichten Metropole, und mit jedem Meter, den wir dem Horizont entgegenfahren, lasse ich ein Stück meiner großstädtischen Aufgedrehtheit zurück. Ein kleines Stück Johannesburg nehme ich allerdings mit mir: *»Miss you, my friend!«*, lese ich nämlich auf dem Display meines Handys, als ich meine Nachrichten checke. »Das ist von Eliza! Weißt du noch? Die Frau, die wir vorgestern abends auf der Straße getroffen haben.« Ich staune nicht schlecht. »So was würde doch in Deutschland nicht passieren, oder?«

»Du meinst, solch eine Wärme und Herzlichkeit? Hm. Nicht unbedingt«, schmunzelt Papa.

Mit meinen Gedanken bei Eliza und einem warmen Gefühl in der Brust lehne ich mich zurück. Wir sind jetzt auf dem Weg gen Osten zum Indischen Ozean, unterwegs nach Kosi Bay, einem Naturparadies am Meer, in das wir nach der Hektik der Millionenstadt abtauchen wollen. Danach planen wir, an der Küste nordwärts nach Mosambik weiterzufahren.

Anders als gestern ist der Himmel heute grau, und die Wolken hängen bleiern über der Landschaft, wehmütig fast, wie diese unbestimmte Sehnsucht, die ich plötzlich empfinde. Ich drehe das Fenster runter, der Fahrtwind wirbelt mir die Haare ins Gesicht, und ich recke den Arm aus dem Fenster, als könnte ich das Land ergreifen und umarmen.

Ein feuchter grasiger Geruch liegt in der Luft – man spürt die Regenzeit, in die wir hineinfahren.

Ich schließe das Fenster und mache es mir auf dem Beifahrersitz gemütlich, als ich aus dem Augenwinkel einige schwarz-weiße Vierbeiner links der Straße wahrnehme. Kühe, sagt mein deutsches Gehirn, doch auf den zweiten Blick erkenne ich, was da wirklich grast: »Papa guck, da!« Auf einmal bin ich total aufgeregt und gar nicht mehr entspannt. Mir fallen beinahe die Augen aus dem Kopf. »Junge! Das sind Zebras! Die stehen da einfach so in der Landschaft rum!«

»Ja«, entgegnet mein Vater lachend, und ich spüre die Freude, die er verströmt, »ganz genau! Wir sind in Afrika!«

Papas gute Laune und die Zebras geben mir einen Kick, ich spüre ein Kribbeln im Bauch und bin plötzlich voller Vorfreude auf all das Unbekannte, was vor uns liegt. Besonders gespannt bin ich auf unsere Campingnächte im Dachzelt unseres Geländewagens. So richtig kann ich mir noch nicht vorstellen, dass unser Auto nun unser Zuhause ist, und mir fallen die gruseligen Warnungen des Autovermieters ein: Werden wir womöglich irgendwo im Schlamm stecken bleiben? In reißenden Flüssen versinken oder sogar von Elefanten ausgeplündert werden?

Wir fahren ohne Pause, und stundenlang starre ich wie gebannt aus dem Fenster, während Papa und ich überlegen, welche wilden Tiere wir wohl als Nächstes sehen werden. Am Abend machen wir halt auf einem kleinen, fast menschenleeren Campingplatz, und als wir unser Dachzelt auseinanderfalten, finde ich es erst mal ziemlich umständlich, sich sein Schlafzimmer selbst zu bauen: Die Plane muss vom Dach genommen, aufgeklappt und mit Stangen befestigt werden, das Auto muss um-, das Zelt eingeräumt werden. Doch als wir schließlich hoch oben auf dem Autodach liegen, ist es viel schöner und abenteuerlicher, als ich es mir vorgestellt habe. Von innen kann ich durch die Netzwand in den Sternenhimmel schauen und die Umgebung beobachten, während aus der Ferne geheimnisvolle Töne zu uns dringen, die durchaus die Rufe unbekannter Tiere sein könnten.

Knapp einen Tag und 600 Kilometer später nähern wir uns schließlich der Ostküste und unserem Ziel. Wir halten an einer einfachen hölzernen Lodge, die den Eingang zum Naturschutzgebiet Kosi Bay Nature Reserve markiert, um uns dort für umgerechnet 12 Euro die nötige *entry permit* zu holen, die Eintrittserlaubnis, ohne die das Naturschutzgebiet nicht betreten oder befahren werden darf – und wild und ursprünglich ist es hier wirklich! Auf dem dschungelartigen Pfad zum Strand, der steil abwärts durch sandige, tief ausgefahrene Tracks führt, frage ich mich, ob unser Wagen hier wohl jemals wieder hochkommt.

Doch als sich dann der Blick auf das Mündungsbecken öffnet, auf den gewaltigen Kosi Bay River Mouth, der das Meer mit mehreren großen Seen im Inland verbindet, sind meine Sorgen wie weggeblasen. Wie irre ist das denn? So riesig und einfach nur megaschön!

Türkisfarbene gewundene Wasserarme, wilde grüne Ufer und weiße Strände und Sandbänke mit dem tiefblauen Ozean dahinter – es ist so perfekt, dass es mir die Sprache verschlägt. »Boah ...« ist alles, was ich herausbringe, und als ich zu meinem Vater hinüberblicke, sehe ich an seinem Gesicht, dass auch er hin und weg ist.

In dieser unberührten Wildnis springt mir jedoch etwas Seltsames ins Auge: In den Wasserläufen und Seen stecken jede Menge Stöcke und Stäbe in gebogenen Reihen, die in regelmäßigen Abständen wie eine Art Barriere aus dem Wasser ragen. Ich kann mir nicht vorstellen, wofür das gut sein soll.

»So was habe ich noch nie gesehen«, sagt Papa. Auch er hat keine Idee.

Wir parken unser Auto am Ufer, am Ende des unbefestigten Weges, und sind erstaunt, als wir dort zwei Männer antreffen, die offenbar untätig mit ihren kleinen gelben Paddelbooten am Ufer sitzen. Sie scheinen auf irgendwen oder irgendwas zu warten und grinsen uns an.

»*We'll pick you up*«, sagt einer von ihnen freundlich und nickt in die Ferne, der andere zeigt zum gegenüberliegenden Ufer des Flussdeltas. »*If you leave now, you won't make it back.*«

»*What?*« Mein Unterkiefer klappt herunter. Meint er ernsthaft, dass wir es nicht mehr zurückschaffen, wenn wir jetzt da rübergehen?

»*High tide ahead*«, sagt der Mann lapidar. Die Flut kommt. »*But don't worry, we'll pick you up.*«

Ich sehe über die Sandbänke des beinahe wasserleeren Deltas. Nur ein paar dünne Rinnsale ziehen sich hindurch, und ich kann mir überhaupt nicht vorstellen, dass hier in nächster Zeit so viel Wasser hereinfließen könnte, dass wir ein Boot brauchen.

»*Thanks!*«, höre ich Papa neben mir sagen. Er scheint das Gleiche zu denken wie ich und schüttelt den Kopf. Und so machen wir uns zu Fuß auf den Weg, den gigantischen River Mouth zu durchqueren, fast einen Kilometer ist er breit, so weit entfernt liegt der Strand, zu dem wir wollen, jene Stelle, an der Flusslauf und Indischer Ozean aufeinandertreffen.

Ich komme mir vor wie auf einer Wattwanderung: Wir waten durch Schlick und knöcheltiefe Rinnsale, dann über

Sandbänke, immer weiter weg vom Ufer, an dem unser Auto steht, und nach einer halben Stunde erreichen wir den tollsten Strand, den ich je gesehen habe. Er ist menschenleer, mit türkisklarem Wasser und voller besonderer Muscheln, die ich bisher nur als porzellanartige Badezimmerdekoration kannte.

»Die sind ja echt!«, rutscht es mir heraus, und mein Vater kriegt sich vor Lachen kaum ein: »Ja, das sind echte Meeresbewohner! Kaurischnecken! Oder auch Porzellanschnecken ..., was glaubst du, warum sie so heißen?« Ich lache mit und halte nach den größten und schönsten dieser muschelartigen Schneckenhäuser Ausschau, bevor wir schwimmen gehen, im Sand liegen und die Zeit vergessen ...

Ebenso wie die Gezeiten. Doch das Wasser steigt. Unmerklich fast, aber stetig, und als wir nach ein paar Stunden zu unserem Wagen zurückkehren wollen, haben wir einen stattlichen Strom vor uns, wo vorher nur ein Rinnsal war.

Mist!

Das Wasser sieht schon ziemlich tief aus, doch Papa denkt wohl, dass wir da noch durchkommen.

»Los, komm!«, sagt er. »Schnell, Rucksäcke, Taschen übern Kopf, das schaffen wir noch!«

»Echt jetzt? Ich weiß nicht ...«, aber Papa ist bereits knietief im Wasser, hält seine Kameratasche mit ausgestreckten Armen über sich, und ich kann kaum hinsehen, als er beim nächsten Schritt plötzlich hüfttief ins Wasser rutscht. »Nein, das wird nichts, komm zurück!«, rufe ich leicht panisch – ich will das nicht machen, ich will da nicht rein!

»Beeil dich!«, drängt Papa, und schon ist er auf der anderen Seite des etwa drei Meter breiten Stroms, und mir bleibt nichts anderes übrig, als ihm zu folgen. Augen zu und durch!

Die Strömung drückt gegen meine Knie und Hüften, und ich stelle mir vor, was wohl passiert, wenn das Wasser mir die Beine unterm Körper wegreißt.

»Weiter, du hast es fast geschafft!«, feuert Papa mich an, doch es kostet mich Zeit und Überwindung, den Strom zu durchqueren, und als ich es beinahe geschafft habe, sehe ich, dass Papa nicht mehr im Sand, sondern im Wasser steht. Oh Gott! Die große Sandbank in der Mitte des Deltas ist weg, komplett versunken, und ich erkenne, dass wir in der Falle sitzen.

»Was machen wir denn jetzt?«, schreie ich, und während eine Woge der Verzweiflung über mich schwappt, sehe ich, wie die beiden Männer mit den gelben Booten auf uns zu paddeln, um uns aus unserer misslichen Lage zu befreien – die sie ja bereits vorhergesehen und auf die sie anscheinend in aller Ruhe gewartet haben.

Mit wackeligen Beinen steigen wir in die noch wackeligeren Boote, die jedoch geschickt von den Männern manövriert und mit den Paddeln am Kentern gehindert werden, und als wir kurz darauf durchs Delta fahren, das jetzt vollkommen mit Wasser gefüllt ist, zeigt einer der Männer flussaufwärts: »Hippopotamus!«, sagt er. *»Hippos, they live up there!«*

Okay. Ich weiß nicht, ob ich noch mehr Aufregung ertragen kann. Ich folge dem Blick des Paddlers, sehe jedoch nichts als Wasser und das entfernte Ufer. Und ich glaube, das ist wirklich alles, was ich im Moment sehen will …

Hauke

Flusspferde! Oh Mann. Wenn ich gewusst hätte, dass es die hier gibt, wären wir doch niemals durch den Fluss gewatet! Ich muss schlucken und schiele zu Molin hinüber, deren Augen mit einer Mischung aus Staunen, Angst und Neugier leuchten. Bei mir überwiegt der Schreck, aber ich glaube auch, dass die Paddler uns ernsthafter gewarnt hätten, wenn die Tiere nah dran wären: Die massiven Dickhäuter gehören zu den gefährlichsten Tieren überhaupt, und eine Begegnung mit ihnen kann tödlich sein. Gut, dass sie sich weiter oben im Flusslauf aufhalten, denn auch die Boote würden uns nicht vor ihnen retten. Allerdings sind die Hippos nicht die Einzigen, die sich hier am Ufer oder unter der Wasseroberfläche tummeln. Das Kosi Bay Nature Reserve, das zum iSimangaliso Wetland Park an der Küste der Kwa-Zulu-Natal-Provinz gehört, ist nach dem Kruger Nationalpark Südafrikas zweitgrößtes Schutzgebiet. Es gibt hier Sambesi-Haie, Schlangen und sogar Krokodile, und sicherheitshalber habe ich meine Tochter gewarnt, als wir vorhin aus dem Auto stiegen: »Molin, pass immer auf, wo du hintrittst!« Ich selbst mache hier keinen Schritt durchs Gras oder Gebüsch ohne Stock in der Hand, mit dem ich auf den Boden vor und neben mir schlage, um Tiere auf mich aufmerksam zu machen und notfalls zu vertreiben – obwohl ich damit bei einem Nilpferd natürlich keine Chance hätte.

Ich ziehe die Luft durch die Zähne und verdränge alle Gedanken an gefährliche Tiere, im Moment bin ich vor allem erleichtert, dass uns die Paddler mit ihren Booten zu Hilfe geeilt sind, um uns, wenn auch zu einem Wucherpreis, über das schnell ansteigende Wasser in Sicherheit zu bringen.

Während der Überfahrt lasse ich meinen Blick über die wilde Landschaft gleiten, und ich verstehe, warum der Park zum UNESCO-Welterbe erklärt wurde: Die riesigen Seen, weiten Sumpfgebiete, über denen unzählige verschiedenfarbige Schmetterlinge tanzen, und das große Mündungsbecken sind von berauschender Schönheit.

Im Boot habe ich jetzt außerdem Gelegenheit, die Männer zu fragen, was es mit den halbrunden Stockstrukturen auf sich hat, die wir vorhin von Weitem erspäht haben, und wir erfahren, dass es sich um primitive, aber effektive Fischfallen handelt, Reusen aus dicht aneinandergereihten Hölzern, in denen bei einsetzender Ebbe die Fische zurückbleiben. Es sind die traditionellen Fish Kraals der Tsonga, eines Volkes, das hier im umgebenden Busch lebt und seit über 700 Jahren auf diese in Südafrika einmalige Art und Weise fischt.

»Südafrikas bestgehütetes Geheimnis«, so hatte der Mann von der Autovermietung in Johannesburg diesen ursprünglichen und kaum besuchten Ort genannt. Unwegsamkeit und Abgelegenheit des Geländes und die Tatsache, dass wir uns in der klassischen Regenzeit zwischen Oktober und April befinden, verhindern wohl ein größeres Touristenaufkommen – was die Gegend für mich noch einmal attraktiver macht. Ich bin unglaublich dankbar für diese Empfehlung, aber auch für den Allradantrieb unseres Toyotas, der uns ohne Probleme den steilen Strandpfad wieder hinaufbringt – obwohl ich versäumt habe, den Reifendruck zu verringern, was man eigentlich auf sandigen Straßen tun soll –, und für die Ausstattung des Wagens, mit dem wir nicht nur überall hingelangen, sondern in dem wir auch überall sicher nächtigen können: Das aufmontierte Klappzelt schafft vor allem durch seine Distanz zum Boden eine für die meisten Tiere unüberwindbare Hürde.

Diese Nacht nun verbringen wir im Utshwayelo Kosi Mouth Camp, das wir wie unsere übrigen Schlafstätten über die App iOverlander gefunden haben, die mir bereits auf früheren Trips von anderen Reisenden empfohlen wurde und die Bibel aller Selbstfahrer in Afrika ist. Auch uns enttäuscht sie hier nicht: Umgeben von Bananenstauden genießen wir einen großartigen Blick aufs Meer, auf die Seen und deren Mündung, und in aller Ruhe betrachten wir den Ort unseres Abenteuers noch einmal ausgiebig aus sicherer Ferne, während wir einen einfachen, auf dem Gasherd unseres Autos zubereiteten traditionellen Maisbrei verspeisen, den sogenannten Pap, der uns mit Tomatensoße besonders gut schmeckt.

Es ist bereits dunkel, als wir uns in unserem Dachzelt schlafen legen, und bevor mir die Augen zufallen, schiele ich noch einmal zu Molin in ihrem Schlafsack hinüber, froh, dass unser enges und ständiges Beisammensein meine Tochter nicht zu nerven scheint. Mich selbst umgibt es mit einem vertrauten Frieden, und so schlafe ich kurz darauf ein.

Die Ruhe währt allerdings nicht lang, denn schon früh am nächsten Morgen werden wir vom kreischenden Getöse einer Horde Samango Monkeys, einer Meerkatzenart, geweckt: Die kleinen Kletterkünstler, deren blaugrau meliertes Fell immer wieder durch die dicht belaubten Baumwipfel blitzt, springen und turnen mit dem sprichwörtlichen Affenzahn umher, sodass wir ihre Anzahl nur schätzen können – es scheinen Dutzende zu sein!

Nachdem wir uns sattgesehen haben und uns fast schwindelig davon ist, suche ich im Stauraum unseres Wagens nach Brot und Marmelade fürs Frühstück, werfe dann noch einen letzten Blick auf das atemberaubende Panorama des Kosi River Mouth, das uns zu Füßen liegt, und schon rollen wir wieder über die Landstraße, unterwegs zu unserem nächsten Ziel: Mosambik, das mehr als doppelt so groß wie Deutschland und von Armut geprägt ist und dessen Grenze sich nur wenige Kilometer nördlich von uns befindet. Ich bin neugierig auf dieses dünn besiedelte tropische Land, das im Norden an Tansania grenzt, im Westen an Simbabwe und vor dessen korallenreicher lang gezogener Küste Madagaskar liegt.

»Beim Googeln hab ich gelesen, dass in Mosambik Bürgerkrieg herrscht ...«, sagt Molin unvermittelt, dabei rutscht sie etwas unruhig auf ihrem Sitz herum. »Tatsächlich gab es auf der Website vom Auswärtigen Amt eine Reisewarnung.«

»Die galt aber nur für den Norden, da fahren wir ja nicht hin«, beruhige ich sie. »Aber natürlich ist das ganze Land ziemlich gebeutelt. Mosambik ist ja von internationalen Geldgebern abhängig, und die haben ihre Mittel eingefroren, nachdem die Regierung vor ein paar Jahren in einen Korruptions- und Finanzskandal verwickelt war – was dann eine schwere Wirtschaftskrise zur Folge hatte ...«

»... was natürlich extrem bitter ist für ein ohnehin schon so armes Land«, vollendet meine Tochter den Gedankengang, während sie nachdenklich aus dem Fenster schaut.

Das Wetter ist mittlerweile wieder schön und sonnig. Der Klimawandel ist auch hier zu spüren, die Regenzeit bleibt vorerst aus, und so fahren wir durch staubige Hitze, bis nach kurzer Zeit das Grenzhäuschen vor uns auftaucht – und mir alles wieder einfällt, was ich je über dieses Land und seine Grenze gehört habe. Geschichten von verbrecherischen Beamten, denen man niemals seinen Pass aushändigen darf, die einen um Unsummen erleichtern oder gar festsetzen ... Da gerät sogar für einen Moment der Name dieses südlichsten Grenzpostens von Mosambik in den Hintergrund: Ponta do Ouro, das goldene Tor, kommt mir alles andere als hell und glänzend vor.

Umso positiver überrascht bin ich dann aber, als wir doch recht zügig und ohne größere Schwierigkeiten abgefertigt werden. Spezielle Visa sind hier nicht nötig, wir bekommen ein einfaches Eintrittsvisum in den Pass gestempelt und müssen lediglich noch eine weitere Versicherung fürs Auto abschließen, auch wenn nicht ganz klar ist warum, denn wir sind bereits über den Autoverleih für alle Länder unserer Reise abgesichert. Umgehen kann ich die Zahlung zwar nicht, aber all die schlimmen Dinge, vor denen wir noch in Johannesburg gewarnt wurden, bewahrheiten sich nicht. Wir treffen auf keine korrupten Zöllner, die bestochen werden wollen, unsere Pässe verschwinden nicht, wir werden nicht erpresst und auch nicht stundenlang festgehalten.

Molin Wie umständlich – mir kommt der Grenzübertritt so was von kompliziert vor! Erst müssen wir uns fotografieren lassen, vor blauer Leinwand, *mug shots,* als wären wir Verbrecher. Dann müssen wir eine halbe Stunde im Grenzhäuschen warten, dann pro Person 50 Dollar zahlen, dann werden wir durch eine Schranke gelotst, müssen jedoch gleich darauf wieder umkehren, um die soundsovielte Versicherung abzuschließen, dann wieder durch die Schranke. Drei Stunden dauert das Hin und Her – so was kenne ich aus Europa nicht.

Schließlich sind wir dann aber durch, und das Erste, was wir im neuen Land am Straßenrand sehen, ist ein Warnschild, rot und dreieckig, auf dem in der weißen Mitte ein Elefant ein Auto umwirft. Juhuu! Wir sind im Elefantenland! Jetzt kann es also jederzeit geschehen, dass uns diese Tiere über den Weg laufen, und ich will sie unbedingt sehen, so viele wie möglich. So hab ich mir das vorgestellt, und ich bin ganz hibbelig und klebe geradezu mit den Augen an der Fensterscheibe.

Tatsächlich dauert es keine halbe Stunde, bis wir eine erste Gruppe der imposanten Riesen zu Gesicht bekommen. Mich überkommt ein Gefühl der Ehrfurcht, obwohl die Herde weit weg ist – doch das ist unser Glück, denn in die auf dem Schild gezeigte Situation geraten wir nicht: Keiner der Dickhäuter kommt nahe genug, um seine Stoßzähne unter unser Auto zu rammen.

Nach etwa zwei Stunden Fahrt durchs Elefantengebiet scheint es mir plötzlich, als würden wir uns der Grenze zu einer anderen Dimension nähern: Fast Science-Fiction-mäßig ragt die Skyline von Mosambiks Hauptstadt Maputo vor uns auf, mit einer supermodernen Hängebrücke, die sich hinter der Golden Gate Bridge nicht zu verstecken braucht.

»Wow, die Brücke sieht aus wie aus einer anderen Welt gefallen!«, sage ich verblüfft.

»Nun, in gewisser Weise ist sie das auch«, erwidert Papa grinsend, und er hat offensichtlich Spaß daran, dass ich so überrascht bin. »Das ist die Ponte de Maputo a Katembe«, fährt er fort, »die Chinesen haben sie gebaut, wie vieles hier in Mosambik. Die Brücke verbindet Maputo mit dem ländlichen Katembe-Distrikt, in dem wir gerade sind, und tatsächlich ist sie erst vor ein paar Monaten eröffnet worden, im letzten November.«

»Wahnsinn!«, flüstere ich und kann meine Augen nicht abwenden, als wir über die imposante Brücke hinüber in die Großstadt fahren. Aber wir halten nicht an, sondern lassen Maputo rechts liegen: Wir haben in dieser Stadt keinen Ansprechpartner, und wie in allen afrikanischen Großstädten ist es auch hier gefährlich. Der einzige Guide, der uns empfohlen wurde, ist nicht erreichbar, und da wir ja in Johannesburg schon einige Stadtabenteuer erlebt haben, wollen wir jetzt lieber im ländlichen Gebiet bleiben.

Mittlerweile sind wir hier vorwiegend von Palmen und tropischen Pflanzen umgeben, und wir fahren weiter, über enge, holprige Straßen nördlich von Maputo, durch Dörfer und kleine Ortschaften. Wieder gibt es jede Menge zu sehen, ganz bequem aus dem Auto heraus wie aus einem Sightseeingbus, denn am Straßenrand herrscht kunterbuntes Treiben: Es wimmelt von Einheimischen, die in alle Richtungen unterwegs sind, dazwischen Kuhherden und Ziegen und lachende Horden von Schulkindern in Uniform. Auch auf der Straße selbst herrscht ein dichtes Gewusel von Fahrzeugen und Menschen, und wir sind mitten im Geschehen, haben die Fenster runtergedreht, saugen die fremden Eindrücke auf, während der Fahrtwind den Geruch von Viehdung, Gras, Staub und exotischem Essen zu uns hineinweht. Dazu hören wir kenianischen Afro-Pop im Radio, und die Atmosphäre ist so intensiv, dass sie mich komplett einhüllt.

Oh, wenn ich dieses besondere Flair doch nur irgendwie einfangen und mitnehmen könnte! Und so kommt mir noch im Auto die Idee, meinen Vater zu fragen, ob ich eine seiner Kameras benutzen darf: Ich möchte meine Eindrücke etwas professioneller festhalten als bloß mit dem Handy, möchte mehr in die Tiefe gehen und versuchen, so schöne Bilder wie Papa hinzubekommen. Ich möchte auch nutzen, dass mein Vater bei mir ist und dass ich von ihm lernen kann.

Beim nächsten Stopp gibt er mir eine Kamera und erklärt mir so endlos, wie alles funktioniert, dass ich meine Idee schon fast wieder bereue. Auch muss ich feststellen, dass mir das Fotografieren mit der großen Kamera erst mal ziemlich unangenehm ist – versteckt oder mal eben heimlich was knipsen geht gar nicht, jedes Foto fühlt sich an wie eine Konfrontation, bei der ich mich unwohl und irgendwie voyeuristisch fühle. Und obwohl ich schon mein Leben lang weiß, dass Papa Fotograf ist, wird mir nun zum ersten Mal bewusst, wie schwierig seine Arbeit ist, obwohl doch immer alles so mühelos und leicht bei ihm aussieht.

Ich will aber nicht gleich aufgeben und bleibe dran an dieser Herausforderung, und schon bald fällt es mir leichter, Leute anzusprechen, sie zu fragen, ob ich sie fotografieren darf. Und als ich dann schließlich auf einem Dorfplatz einen Händler anspreche, der eine schwere Kiste auf seiner Schulter schleppt, da spüre ich plötzlich selbst diese Freude, die ich von Papa kenne: Das Lächeln und das Interesse, das ich von dem Mann zurückbekomme, und auch das Vertrauen, das er mir schenkt, diese Freude und Sympathie, die gegenseitig ist ..., all das kann ich nun mit der Kamera festhalten, bewahren und mit mir nehmen.

Hauke

Als wir die Provinzstadt Xai-Xai hinter uns lassen, sind wir insgesamt bereits um die 1000 Kilometer ab Johannesburg gefahren, etwa 200 davon nördlich von Maputo auf einer etwas abgelegenen Route mit kleinen Straßen und ländlichen Dörfern, wie sie an der Küste des Indischen Ozeans typisch sind. Trotz des zuweilen hohen lokalen Verkehrsaufkommens sind wir bisher zügig und ungehindert vorangekommen – doch das ändert sich schlagartig, als sich uns nur wenige Hundert Meter hinter der Ortschaft ein uniformierter Polizist in den Weg stellt. Er bedeutet uns, anzuhalten, und sobald wir stehen, streckt er uns ein Gerät entgegen, das an einen Föhn erinnert.

Ich habe keine Ahnung, was das ist und was hier passiert, und sehe den Polizisten durchs offene Seitenfenster an. Er hält mir nun die Rückseite des seltsamen Apparates vor die

Nase: »62 kmh« steht da auf einer Digitalanzeige, neben der ich eine Reihe von Knöpfen erkenne. *»Speed!«*, raunzt der Mann und tippt auf das Gerät.

»Oh ...« Ich kann nicht anders, als mich zu fragen, ob der Polizist unsere Geschwindigkeit dort gerade eben selbst eingestellt hat.

Er gibt mir zu verstehen, dass im Dorf nur 50 Stundenkilometer erlaubt sind, was ich natürlich weiß: Ich war der Meinung, wir hätten das Dorf schon hinter uns gelassen und schüttele verständnislos den Kopf.

Der Polizist setzt einen streitlustigen Blick auf und kommt einen Schritt näher, steckt seinen Kopf durchs Seitenfenster und sieht mich mit zusammengezogenen Augenbrauen an. Dann sieht er demonstrativ nach vorn, die Straße entlang, dann nach hinten, in Richtung Dorf. *»1000 Metical!«*, sagt er in einer Weise, die keinen Widerspruch duldet.

Ich öffne den Mund und schließe ihn wieder.

Der Mann streckt mir fordernd seine Hand entgegen, und mir fällt nichts anderes ein, als den gewünschten Betrag von umgerechnet 15 Euro zu bezahlen. Sehr langsam und ein wenig verdattert setzen wir unsere Reise fort, nicht ahnend, dass dies nur die erste einer ganzen Reihe von obskuren Begegnungen mit den hiesigen Ordnungshütern war.

Unser Weg führt uns von hier an in nordöstliche Richtung, bis zum Praia de Chidenguele, wo wir nach einem abendlichen Bad im Meer auf einem strandnahen Campingplatz übernachten. Wir haben nun keinen detaillierten Plan mehr, sondern wollen bleiben, wenn es uns irgendwo gefällt, und weiterfahren, wenn nicht, und so sind wir am nächsten Morgen schon wieder unterwegs, weiter die Küste hinauf, bis wir Inharrime erreichen.

Der kleine Ort mit seinen weiten gelbsandigen Straßen und dem hellen Marktplatz gefällt mir sofort – es herrscht eine entspannte Geschäftigkeit, und an zahlreichen Ständen rund um den Platz bieten die Bauern der Region ihre Waren feil. Überall sitzen, stehen und laufen Leute, und zwischen dem bunten Treiben und den aus Brettern, Planen und Sonnenschirmen zusammengezimmerten Verkaufsständen sieht man auch immer wieder gemauerte, südeuropäisch anmutende Strukturen – hier eine Bank, dort eine Schule oder einen Supermarkt –, die deutlich erkennen lassen, dass Mosambik einst eine portugiesische Kolonie war.

Wir entschließen uns anzuhalten, und sobald wir die Autotüren öffnen, steht auch schon eine Gruppe von Marktfrauen bereit, um uns Obst zu verkaufen. Das ist für uns ungewohnt, und ich sehe an Molins Gesicht, dass sie sich bedrängt fühlt – tatsächlich versperren die Frauen uns den Ausstieg, doch sie sind freundlich, und so kaufen wir Bananen, Kokos- und Cashewnüsse zu einem Preis, der garantiert höher ist als der, den Einheimische bezahlen. Als Weiße mit Allradcamper sind wir natürlich leicht als Touristen zu erkennen, aber der geforderte Preis ist für uns nicht viel Geld, und so unterstütze ich den lokalen Handel gern. Verhandeln kann ich wegen der Sprachbarriere ohnehin nicht: Die Landessprache Mosambiks ist Portugiesisch, und hier auf dem Land spricht kaum jemand Englisch.

»Papa, wie stelle ich noch mal die Kamera für ein Porträt richtig ein?«, fragt Molin kurze Zeit später, als wir Nüsse knabbernd über den Marktplatz schlendern. Schmunzelnd schaue ich auf meine Zweitkamera, die seit gestern über ihrer Schulter hängt, und nichts tue ich lieber, als ihr den Zusammenhang zwischen Brennweite und Tiefenschärfe zu erklären. »Geh so nah ran an die Person wie möglich, das ist mein wichtigster Tipp für ein gutes Foto«, füge ich noch hinzu, als ich ihr zeige, wie die Blende funktioniert. Dabei merke ich, dass ein kleiner Funke schon übergesprungen ist, und während ich in Johannesburg die Welt zuweilen durch ihre Augen gesehen habe, sieht meine Tochter sie durch die Kameralinse nun mit meinen.

Am späten Vormittag lassen wir Inharrime schließlich hinter uns, und ich freue mich auf die Weiterfahrt, trete aufs Gaspedal, vor mir die weite Landstraße, die in eine verheißungsvolle Ferne führt, hinter mir eine gelbe Staubwolke, aufgewirbelt durch die beschleunigenden Reifen. Zu spät bemerke ich den Wachmann am Straßenrand, der mit dem bekannten haartrocknerartigen Gerät herumfuchtelt.

Molin Was will der von uns? Schon wieder eine Strafe für *Speeding*? Krass! Und nervig. Und reine Willkür. Es scheint so an den Haaren herbeigezogen, was hier passiert, dass ich echt sprachlos bin. Diesmal steht »80 kmh« auf der Anzeige der Radarpistole, obwohl wir angeblich nur 60 hätten fahren dürfen.

»*2000 Metical!*«, fordert dieser Polizist nun, und mir wäre es am liebsten, wenn Papa einfach zahlen würde, damit wir weiterkönnen, doch diesmal beginnt er zu verhandeln, erzählt freundlich, dass wir Deutsche sind, dieses Land sehr mögen und dass er versucht, hier alles richtig zu machen. Der Polizist guckt skeptisch, lässt sich nicht erweichen und beginnt stattdessen, das Fahrzeug zu inspizieren, von vorne, von hinten, dann bückt er sich sogar und schaut darunter, als wolle er unbedingt irgendetwas finden, das eine noch höhere Strafe rechtfertigen könnte. Dann will er von Papa alle Fahrzeugpapiere haben. Er will unsere Pässe und Visa sehen, und ich komme mir bereits so schuldig vor, als hätten wir etwas absolut Unverzeihliches verbrochen.

»When you arrive Mozambique?«, fragt er dann in gebrochenem Englisch.

»We are tourists, from Germany«, wiederholt Papa, als würde uns das jetzt retten.

»3000 Metical!«, sagt der Wachmann darauf.

»I have only 500 in cash«, höre ich Papa nun sagen, dann nimmt er demonstrativ die Scheine aus seiner Geldbörse und hält dem Polizisten das leere Teil unter die Nase. *»But if you take credit cards ...?«*

Ich möchte am liebsten im Boden versinken, doch völlig überraschend richtet sich der Polizist zu seiner vollen autoritären Größe auf, lächelt, schnappt sich die dargebotenen Scheine und winkt uns weiter: *»No, I don't. This time you go!«*

»Ich glaube, wir haben eine Taktik!«, sagt Papa ein paar Hundert Meter weiter, und wir fangen beide an zu lachen.

Viermal werden wir während der nächsten Tage in Mosambik noch kontrolliert, und Papas Konzept geht voll auf: Jedes Mal zeigt er einen geringen Bargeldbetrag, behauptet, wir hätten nicht mehr, und bietet an, mit Kreditkarte zu bezahlen. Es funktioniert immer.

An diesem Tag, dem 8. März, werden wir jedoch nicht noch mal gestoppt und kommen unbehelligt weiter, bis wir ein Straßenschild mit der Aufschrift »Dunes de Dovela« passieren. Hier biegen wir nach rechts ab, fahren nun geradewegs auf die Küste und aufs Wasser zu, durch ein Labyrinth aus unwegsamen Feld- und Sandwegen, in denen wir fast stecken bleiben, immer nach Osten, bis die Dunes de Dovela Eco Lodge vor uns auftaucht – ein edles Resort, das sich mit seiner Ansammlung von kleinen strohgedeckten Bungalows perfekt ins dichte Grün schmiegt und auf wundersame Weise mit der Landschaft verschmilzt.

Übernachten wollen wir hier zwar nicht, aber das Haupthaus anzuschauen, lohnt sich schon: Von der hoch gelegenen Terrasse hat man einen spektakulären Ausblick über das grüne Pflanzenmeer und die Dünenlandschaft dahinter, die sanft zum Strand und dem tiefblauen Ozean abfällt. Ich kann es nicht erwarten, mich in die Wellen zu stürzen, um Schweiß und Staub der Straßen und die Hitze der Dörfer und des Tages abzuwaschen!

Wir haben den Strand wieder mal für uns allein, und nach dem Schwimmen habe ich einen Bärenhunger. Wie gut, dass es in der verwunschenen Lodge ein französisches Restaurant gibt! Sonnengefüllt, mit sand- und salzverklebten Haaren sitzen wir kurz darauf im halb offenen Speisesaal des Resorts mit Blick aufs Meer, und es wartet etwas ganz Besonderes auf mich: Zum ersten Mal in meinem Leben esse ich Hummer! Der Anlass ist schön und würdig, denn es ist der 82. Geburtstag meines Opas, den ich heute mit meinem Vater feiere: Ich muss daran denken, wie sehr die Wochen vor unserer Abreise Papa gestresst haben, wie erschöpft er war, nicht nur wegen Opas Betreuung und Pflege, sondern vor allem wegen der Entscheidung, Opa in eine Pflegeeinrichtung umzuquartieren. Ich glaube, Papa ist noch immer zerrissen und nicht sicher, ob es okay war, ihn dort einfach so zurückzulassen.

Für eine ganze Weile reden wir über Opa, denken an ihn und erinnern uns, durchforsten die Vergangenheit, und Papa erzählt mir von den Reisen, die die beiden zusammen unternommen haben, bevor Opa krank wurde, und sogar danach noch. Ich glaube, nichts hat Papa und Opa so zusammengeschweißt wie das gemeinsame Unterwegssein. »Auf Opa Fritz!«, sage ich lächelnd und hebe mein Glas, und ich sehe, dass Papa zum Weinen zumute ist.

Hauke

An diesem 8. März geschehen mehrere besondere Dinge. Als Erstes trete ich beim Aussteigen aus unserem Wagen in etwas Unerwartetes: Voller Elan springe ich auf den sandigen Pfad vor der Dunes de Dovela Eco Lodge und spüre sofort einen stechenden Schmerz in meinem linken Fuß. »Autsch, verdammt!«, jaule ich und springe auf meinem rechten Bein umher, während vom anderen Fuß Blut tropft. Warum habe ich nicht geguckt, wo ich hintrete, und warum zur Hölle habe ich nur Flip-Flops an?

»Alles okay? Was ist denn passiert, wo bist du reingetreten?« Molin verfolgt mit besorgtem Blick die Blutspur im Sand. Ich sehe nach unten, hebe den Fuß und betrachte ihn genauer: Ein sieben oder acht Zentimeter langer Kameldorn hat meinen Schlappen durchstochen und sich ein Stück weit in meinen Fuß gebohrt. »Gut, dass der nicht unseren Autoreifen erwischt hat«, sagt Molin trocken, und ich weiß nicht, ob ich lachen oder weinen soll: Hat sie denn gar kein Mitleid oder irgendeine Ahnung, wie weh das tut? Aber sie hat ja recht. »Genau deswegen soll man eigentlich niemals unter einer Kameldornakazie parken!«, gebe ich ebenso nüchtern zurück und blicke nach oben in die weiten Zweige dieses ikonischen, typischen Savannenbaums. Dann ziehe ich den Dorn, der mindestens einen Zentimeter tief in meinem Fuß steckt, vorsichtig heraus und verarzte die Wunde mithilfe unseres Erste-Hilfe-Koffers.

Das nächste, ganz besondere Ereignis ist ein spätes Mittagessen in der Dunes de Dovela Lodge, um den Geburtstag meines Vaters zu feiern. Die Lodge wird von zwei Franzosen geführt, Aussteigern, die sich ihren Lebenstraum erfüllt haben, und ich genieße ihre Gesellschaft sehr und freue mich darüber, dass solche Träume tatsächlich wahr werden können. Es ist genau der richtige Platz, um auf meinen Vater anzustoßen: Seit unserem Aufbruch denke ich immer wieder an ihn, bin unsicher, ob wir überhaupt hätten fahren sollen, weiß aber gleichzeitig, dass er mich, dass er uns verstehen würde.

Auf dem Weg zurück durch die Dünenlandschaft sind wir gesättigt und voller warmer Gefühle. Es geht nun weiter nordwärts, in Richtung jener Region Mosambiks, die von der Swahili-Gesellschaft und deren gleichnamiger Sprache geprägt ist, wobei »Swahili« dem arabischen Wort für »Küstenbewohner« entstammt. Und als das Klima ebendieser Küste immer wärmer wird, erspähen wir zum allerersten Mal unter Palmen, zwischen Büschen und Dünengräsern eine Ansammlung traditioneller Lehmhütten: Aus ineinander verwobenen Stöcken gebaut, mit Lehm verputzt, das Dach aus Palmen und Gräsern gewoben, wirken sie einfach und dennoch besonders, und ich bemerke, dass Molin ihre Augen nicht abwenden kann.

»Wow, das ist der Wahnsinn, oder? Wie können Menschen heutzutage so wohnen? In einem Land mit 'ner Großstadt wie Maputo? Oder dieser luxuriösen Eco Lodge gleich nebenan? Wie kann das alles so dicht beieinander bestehen?«

Sie hat recht, es ist ein Unterschied wie Tag und Nacht – und es scheint, als könnten Fortschritt und Rückschritt nicht weiter auseinanderklaffen.

»Also, noch einfacher geht's doch wirklich nicht!«, kriegt sich meine Tochter kaum ein, und ich spüre, wie fasziniert sie von diesen kleinen Häusern ist. »Das sind die simpelsten und gleichzeitig schönsten Hütten, die ich je in meinem Leben gesehen habe! Aber wie können die da drin leben, so ohne alles?«

»Erinnerst du dich, Opa hatte früher einen Bildband über die Bemalung afrikanischer Lehmhütten, den hast du immer sehr gemocht …«

»Ja, weiß ich noch. Damals wollte ich immer eine kleine Maus sein, die in den Hütten herumhuscht und sich umschaut. Ich war total fasziniert von dieser fernen, unbekannten Welt.«

»Mhm.«

»Und nun sind wir hier, mittendrin, und es ist Realität …«

Eine Realität, die vielleicht dennoch unseren kindlichen Abenteuergeist berührt und eine Urvorstellung, ein tiefes Gefühl erfüllt, das wir von Afrika haben? »Tja, manchmal liegt die größte Schönheit in den einfachsten Dingen …«, sage ich leise, mit Erstaunen und Bewunderung, denn so ergriffen habe ich meine Tochter noch nie erlebt: Ich spüre, dass die Hütten etwas in ihr auslösen, dass sich etwas in ihr öffnet, eine neue Welt.

Kapitel 4

Ein Hai und 104 Pferde

8. bis 14. März 2019,
Mosambik/Praia do Tofo und Vilanculos

Molin

Es regnet in Strömen, als wir am Abend unser nächstes Ziel erreichen, Tofo, ein Küstenörtchen und Surferparadies etwa hundert Kilometer nördlich von Inharrime. Das massive Abendgewitter hat die Straße vor und hinter uns in einen rotmatschigen Fluss verwandelt, und mir kommt es vor, als würden wir eher schwimmen als fahren: Die Regenzeit ist da und entlädt sich direkt über uns.

Nach kurzer Suche finden wir die Turtle Cove Lodge, ein kleines Resort, in dessen Garten wir übernachten wollen. Doch als Papa den Motor abstellt, pladdern die Tropfen mit einer solchen Wucht auf unsere Windschutzscheibe, dass keiner von uns aussteigen will. Erst als der Wolkenguss ein wenig abebbt, springen wir aus dem Auto, melden uns bei der Rezeption, bauen mit ein paar inzwischen geübten Handgriffen das Dachzelt auf, gehen schnell noch zu den Toiletten und Waschräumen und kriechen dann schleunigst in unsere Schlafsäcke, um noch eine Weile dem beständigen *Drip-drip* des Regens auf dem Zeltdach zu lauschen.

Durch die Seitennetze kann ich trotz Dunkelheit erkennen, dass wir zwischen drei oder vier anderen Fahrzeugen parken – größere Mengen von Campern haben wir bisher auf keinem der eher kleinen Plätze vorgefunden, was ich sehr entspannt finde. Gleichzeitig bin ich aber auch froh, in dieser Fremde nicht ganz allein zu sein, sondern ein paar Leute um mich herum und meinen Vater neben mir zu haben – seine Nähe sorgt für ein vertrautes Gefühl von Sicherheit. Vielleicht weil es hier so anders ist als zu Hause, habe ich nicht die geringste Lust, auf Konfrontationskurs zu gehen. Im Gegenteil: Hier fühle ich mich gemeinsam mit ihm, im Team, eindeutig wohler.

Am frühen Morgen wache ich allein im Zelt auf. Der Schlafsack neben mir ist leer, also ist Papa wohl schon auf den Beinen. Typisch. Aber ich will noch nicht aufstehen – schließlich hab ich frei –, und so rolle ich mich auf die Seite und genieße die frische Meeresbrise, die mir durchs Moskitonetz entgegenweht. Der Regen hat aufgehört, ich schaue aus meinem kuscheligen Bett hinaus in die Bäume und den klaren blauen Himmel und strecke mich wohlig. Und dann höre ich Papas Stimme, höre, wie er sich auf Englisch laut und lachend mit jemandem ganz in der Nähe unterhält.

Och nee, bitte nicht, muss das denn jetzt schon sein, um diese Zeit? Ein Blick aufs Handy sagt mir, dass es gerade mal halb sieben ist. Kurz darauf ertönen weitere Stimmen, die fröhlich ins Gespräch mit einstimmen. Das kann doch jetzt nicht wahr sein, oder?

Ich beginne, durch Instagram zu scrollen und meine Nachrichten zu checken, in der Hoffnung, dass Papa bald fertig mit Reden ist. Mir ist es eindeutig zu früh für soziale Kontakte, außerdem will ich auf keinen Fall im Schlafanzug mitten in eine Gruppe fremder Menschen geraten, die ich dann womöglich auch noch auf Englisch begrüßen muss. Bloß nicht! Doch Papa hört einfach nicht auf, und ich muss immer dringender pinkeln, daher bleibt mir schließlich nichts anderes übrig, als mich in die Höhle des Löwen und von unserem Dachzelt geradewegs unter die Leute zu begeben, die beinahe direkt vor unserem Auto in einer Art offener Gemeinschaftsküche sitzen. Zwei Paare und ein blonder athletischer Typ, mit dem Papa gerade angeregt spricht, haben sich zum Frühstück um einen hölzernen Picknicktisch versammelt, der von halbhohen Wänden, Ablagen voller Campinggeschirr und zwei Waschbecken umsäumt ist. Die luftige Überdachung besteht aus Stöcken und Wellblech, und in einer Ecke lehnt ein Surfbrett, das garantiert dem Blonden gehört.

Es ist mir ganz schön peinlich, mit ungekämmten Haaren und verquollenen Augen aus dem Zelt zu krabbeln, auch wenn ich inzwischen in meine Klamotten geschlüpft bin, und ich spüre, wie ich rot werde, als Papa mich fröhlich grinsend vorstellt: *»That's my daughter, Molin!«*

Ich gucke zu Boden und streiche mir die Haare hinter die Ohren. *»Okay, yeah, good morning!«*, nuschele ich, bevor ich mich mit glühendem Kopf im Schatten der Bäume ins Waschhaus am anderen Ende des Campgartens verziehe, um aufs Klo zu gehen, mir die Zähne zu putzen und kaltes Wasser in mein Gesicht zu spritzen.

»Hi, I am Victor and this is Ana«, begrüßt mich ein etwa dreißigjähriger dunkelhaariger Mann aus der Küchengruppe, als ich erfrischt und ordentlich frisiert vom Waschhaus zurückkehre. Er nickt lächelnd zu seiner Partnerin hinüber und reicht mir die Hand.

Okay, die scheinen nett zu sein. *»Hello, I'm Molin, as you already know!«*, sage ich mutig und meinerseits lächelnd, und nacheinander schüttele ich Victor und Ana aus Spanien, dem blonden Surfer-Liam aus Südafrika und Paula und Nicolas aus Argentinien die Hände. Victor und Ana sind mir besonders sympathisch, vielleicht weil sie so offen und neugierig wirken – und da das Englisch der beiden noch schlechter zu sein scheint als meins, habe ich schon bald keine Hemmungen mehr, mich zu unterhalten.

Nach kaum mehr als einer halben Stunde Small Talk sieht Ana jedoch auf ihre Uhr und ruft aus: *»Time to go! We go snorkeling now. With whale sharks. You want to come with us?«*

»What ... now? Right now? With what ... whale sharks? Really?«, stammele ich, und eine kribbelnde Aufregung steigt in mir hoch. *»Yes, I think I absolutely want to do that!«* Ich sehe zu Papa hinüber, und er nickt mir schmunzelnd zu. Ich grinse zurück: Was für einen coolen Vater habe ich eigentlich, dass er bei so was mitmacht?

Nur wenige Minuten später sind wir auch schon unterwegs zur strandnahen Tauchschule Diversity Scuba, und es geht alles so schnell, dass ich kaum weiß, wie mir geschieht: Nicht mal zwei Stunden ist es her, dass ich mich kaum aus dem Zelt getraut habe, und nun sitze ich nach kurzer Autofahrt plötzlich im Neoprenanzug inmitten einer Gruppe fremder Leute, die mir jetzt schon vertraut vorkommen. Wir rücken näher zusammen, als der Ocean-Safari-Guide beginnt, uns einzuweisen: Anhand von Tiermodellen zeigt er uns, was uns erwartet und wem wir unter Wasser womöglich begegnen, und nun werde ich doch nervös und mir wird mulmig.

»You may see stingrays«, sagt der Leiter und hält einen handtellergroßen Gummirochen hoch. Echt jetzt? Mantas? Und was? Wie groß sind die Walhaie? Bis zu zwölf Meter lang? Oh Junge, ist das krank!

Es folgen weitere Warnungen vor sonstigen Tieren und anderen Haiarten, und mir dröhnen die Ohren, während mein Herz bis zum Hals schlägt. Worauf hab ich mich da bloß eingelassen? Ich bin heilfroh, Teil einer Gruppe und nicht allein zu sein – mir scheint, dass wir gemeinsam stärker sind, obwohl das bei einem Zwölfmeterhai auch pure Illusion sein könnte ...

Und dann, nachdem die letzten Formalitäten erledigt sind und wir mit unserer Unterschrift noch schnell bestätigt haben, dass im Falle unseres Todes niemand haftet, laufen wir mit unserer Schnorchelausrüstung über den Strand und besteigen ein motorisiertes Schlauchboot, das garantiert kleiner ist als jeder Walhai.

Zu acht kauern wir auf dem aufgeblasenen Bootsrand, der wegen des Seegangs hin und her wippt wie eine wild gewordene Wurst. Hoffentlich wird mir jetzt nicht schlecht!, schicke ich ein Stoßgebet zum Himmel, während mir Gischt ins Gesicht spritzt und ich unseren Guide beobachte, der ganz vorne im auf und nieder hüpfenden Bug sitzt, die Hand über seine Augen hält und kontinuierlich kreuz und quer über den wogenden Ozean schaut. Ich folge seinem Blick, während wir uns immer weiter vom Strand entfernen, und konzentriere mich auf den Horizont. Ich kann nicht verhindern, dass sich alles in mir zusammenkrampft und sich meine Finger ins Gummi der Bordwand graben.

Nach einer Weile steht der Guide auf, balanciert geschickt den Wellengang aus, als würde er auf einem Surfboard stehen, und wir alle setzen uns automatisch etwas aufrechter hin und gucken in seine Richtung, nach vorne, über die Bugspitze hinaus aufs Meer. Die Spannung steigt, sie ist fast körperlich spürbar, wie ein Zittern und Vibrieren, das durch unsere Körper fährt, und ich ertappe mich dabei, wie ich mit höchst gemischten Gefühlen nach einer gigantischen dreieckigen Rückenflosse Ausschau halte.

»*There, there it is!*«, ruft unser Guide plötzlich aufgeregt und deutet seitwärts übers Wasser. Vor Schreck falle ich fast vom Boot, doch als ich mich nervös umschaue, sehe ich erst mal nur Wellen und nicht den Hauch einer Haifischflosse.

Doch dann zieht plötzlich ein riesiger dunkler Schatten unter uns her, der mindestens doppelt so groß ist wie das Boot!

»*There! You see?*« Der Guide deutet auf die dunkle Form.

Was zur Hölle ist das? Woher will der Typ denn wissen, was da schwimmt? Woher weiß ich, dass das kein weißer Hai ist? Oder ein U-Boot? Oder ein unbekanntes Tiefseeungeheuer?

»Snorkel and goggles on, quick, quick, and get off, backwards over board. Hurry up!«, drängt der Guide.

Hilfe! Alles in mir sträubt sich vor Widerwillen, dennoch folge ich den Anweisungen, setze meine Taucherbrille auf und schiebe mir das Schnorchelmundstück zwischen die Zähne. Dann sehe ich zu Papa hinüber, der ebenfalls mit seiner Ausrüstung beschäftigt ist und mir aufmunternd zunickt, was mir das Gefühl gibt, dass alles okay ist. Und so lehne ich mich nach hinten über den Bootsrand hinaus, lasse mich rückwärts in die Wellen fallen, und als Erste unserer Gruppe tauche ich ab, ohne noch einen Gedanken darüber zu verlieren, was mich dort unten erwarten wird.

Hauke Unglaublich, was wir da machen – einfach ins Ungewisse springen, mitten im Meer, hinunter ins Wasser zu diesem dunklen Riesen!

Einen kurzen Moment lang halte ich inne, um mir sämtliche Anweisungen noch einmal einzuprägen, dann verdränge ich alle Gedanken und Gefühle und lasse mich fallen. Und sofort bin ich in einer Art Ausnahmezustand. Das Adrenalin schießt wie ein Stromstoß durch meine Adern, und mein Gehirn kann kaum verarbeiten, was meine Augen vor sich haben: ein gigantisches graublaues Monstrum mit hellen Flecken und einem Maul so breit, dass ein Mensch ohne Weiteres sofort und komplett darin verschwinden könnte.

Mit majestätischer Langsamkeit bewegt sich der Walhai durchs unendliche Blau, und mir wird die Weite, die Tiefe, die scheinbare Bodenlosigkeit des Ozeans bewusst. Ich fühle mich winzig in dieser so anderen Welt! Dennoch – oder vielleicht gerade deswegen – übermannt mich nun praktischer Ehrgeiz: Ich muss schwimmen, schwimmen, schwimmen! Sonst hängt der Riesenfisch mich ab. Um die zehn Meter dürfte er lang sein, und obwohl unser Guide uns ganz professionell in der Nähe des Kopfes abgesetzt hat, damit wir einen möglichst guten Blick erhaschen, zieht der Hai nun Meter um Meter unter mir vorbei, ohne dass ich die geringste Chance habe, mitzuhalten.

Molin macht es besser, und ich beobachte, wie sie alle anderen Schnorchler abhängt, auch mich, und mit dem Hai länger auf Augenhöhe bleibt als irgendjemand sonst. Wie schafft sie das? Sie ist die beste Schwimmerin unter uns, ganz klar, und plötzlich tauchen Bilder aus der Vergangenheit vor mir auf, Szenen von damals, als Molin mit ihrer Schwester Lotta und mir im Urlaub um die Wette schwamm, schnorchelte und wir drei »Delfin« spielten: Das gehörte zur Familientradition, ebenso wie der Urlaub am Meer, und für mich wirkt meine Tochter jetzt wahrhaftig wie ein Delfin, so gewandt und so vertraut, wie sie mit dem Wasser ist. Gleich einem eingespielten Paar tanzen sie und der Hai umeinander durchs blaue Meer, und ich bleibe zurück, staunend und voller Bewunderung.

Glücklicherweise hat dieses Meeresungetüm, das sich von Plankton ernährt, kein Interesse an uns Menschen, sodass ich nicht um meine Tochter fürchten muss – obwohl man als Schwimmer schon darauf zu achten hat, nicht versehentlich in seinem Maul zu landen.

Als der Hai schließlich auch Molin abhängt und außer Sichtweite schwimmt, klettern wir ins Boot zurück und umarmen uns, umarmen auch unsere Tauchgefährten, und selten habe ich solch ein Leuchten in so vielen Augen gleichzeitig gesehen wie in diesem Moment. Wir alle haben gerade etwas absolut Einmaliges zusammen erlebt und sind immer noch wie im Rausch, trunken von diesem Abenteuer, das uns zu einer verschworenen Gemeinschaft gemacht hat, zu einer Familie, die wir fortan *Our Tofo Family* nennen.

Zurück am Ufer gehen wir mit der ganzen Gruppe essen, und das berauschende Gefühl trägt uns auch danach noch durch den Tag, und als wir abends in der Outdoorküche unseres Campinggartens zusammensitzen, will ich Ana und Victor unbedingt besser kennenlernen, die Spanier, denen wir das heutige Abenteuer verdanken. Die beiden stammen aus Barcelona, haben dort jedoch ihre Zelte abgebrochen und ihren gesamten Besitz verkauft, erzählen sie uns: Sie wollten ihr altes Leben hinter sich lassen, um mit ihrem Geländewagen Afrika zu entdecken. Seit einem Jahr fahren sie nun schon kreuz und quer durch den Kontinent, Ende offen, und ihre Welt, ihre Form des Reisens fasziniert mich so sehr, dass ich nicht aufhören kann, sie zu befragen.

»Deswegen liebe ich Camping!«, seufze ich etwas später zufrieden in die Runde, als sich die Dämmerung über den kleinen Garten legt und Ana ein paar Kerzen anzündet, um die näher rückenden Schatten und nächtlichen Geräusche auszublenden. Für mich ist es die allerbeste Reiseform, da man sofort in Kontakt mit Gleichgesinnten kommt, Informationen und Erfahrungen austauschen kann und zu Entdeckungen und Erlebnissen geführt wird, die einem sonst verwehrt blieben. Und während ich Victor Tipps zum professionellen Fotografieren gebe, spüre ich einmal mehr, wie sehr Reisen verbindet, wie es zu Freundschaft und Zusammengehörigkeit führt, die ich zwar schon früher erlebt habe, die jetzt aber auch meine Tochter mit einschließen.

Tatsächlich erscheint mir Ana ein bisschen wie eine große Schwester für Molin, und es freut mich, die beiden dort am Picknicktisch unter dem Wellblechdach beieinandersitzen zu sehen, jede mit einem Glas Wein in der Hand, die Köpfe zusammengesteckt und schwach beleuchtet vom Kerzenlicht. Ich genieße die intime Stimmung vom anderen Ende des Tisches aus und lausche ihrer Unterhaltung, die trotz der Entfernung an mein Ohr dringt.

»Wie kommt es, dass du diese Reise mit deinem Vater unternimmst?«, will Ana von meiner Tochter wissen, und ich sehe im blassen Lichtschimmer, wie Molin sich entspannt zurücklehnt.

»Es ist eine Chance, die Chance auf ein Abenteuer ..., die Chance, Löwen und andere wilde Tiere zu sehen. Ich hatte als Kind einen Stofflöwen ... Matata, ich hab ihn immer noch, und vielleicht wollte ich einfach nach seinem Ursprung suchen ...«

»Hakuna Matata!«, lacht Ana, »das ist Swahili und heißt so viel wie: ›Keine Sorgen!‹, und ja, es ist *wirklich* eine tolle Chance! Ich finde es ganz wunderbar, dass ihr das zusammen macht!« Sie nippt an ihrem Drink, und ich frage mich, was Molin wohl gerade denkt.

»Ich bin sogar ein bisschen neidisch«, fährt Ana fort, »wie gern hätte ich so was mal mit meinem Vater gemacht!«

Ich könnte schwören, dass da ein erstaunter Ausdruck auf Molins Gesicht erscheint, und muss schmunzeln.

Ana schüttelt den Kopf: »Bei uns wäre so was niemals gut gegangen. Mein Vater und ich? Es wäre nicht einmal eine Idee gewesen, zu keinem Zeitpunkt in unserem Leben ...«

Anas Worte machen mich nachdenklich. Unser Leben. Unsere Reise. Wie geht sie wohl weiter, was wird aus ihr entstehen?

»Natürlich haben wir auch schon einiges nicht so Schönes gesehen ..., und ich würde echt gern helfen«, höre ich meine Tochter sagen, als könnte sie meine Gedanken lesen, »ziemlich viel Armut und unterernährte, kranke Kinder, da hab ich gleich das Gefühl, dass ich Kinderärztin werden will ...«

»Ja, dieses Elend haben wir auch gesehen«, erwidert Ana nickend, »die Kindersterblichkeit in Afrika ist wirklich ziemlich hoch. Hier in Mosambik zum Beispiel liegt sie laut UNICEF bei sieben Prozent, weswegen manche Kinder erst nach Monaten einen Namen bekommen und enge Bindungen, zumindest in manchen Bevölkerungsgruppen, anfangs vermieden werden – kannst du dir das vorstellen?«

Molin sieht schockiert aus, als sie den Kopf schüttelt, und gleichzeitig hat ihre Bewegung etwas Entschlossenes, Zielgerichtetes – als hätte sie in diesem Moment erkannt, in welche Richtung ihr Leben gehen könnte. Und das erfüllt mich mit Zuversicht – ebenso wie die Erkenntnis, dass nicht nur meine Tochter dieser Lebensfrage auf der Spur ist. Unsere Reisebekanntschaften Ana und Victor sind es ebenso.

»Jeder muss letztendlich seinen eigenen Weg suchen und finden. Sein innerstes Ich. Wenn dir das gelingt, wenn du dich darauf einlässt, dann wirst du auch gut in allem, was du machst und machen willst!«, höre ich Ana sagen, bevor sie aufsteht, sich für die Nacht verabschiedet und in Richtung ihres Camping Cruisers verschwindet.

Molin Ich gebe zu, die Chance auf Begegnungen mit wilden Tieren war mir bisher deutlich wichtiger als die Aussicht, Zeit mit meinem Vater zu verbringen – auch wenn ich ihm das natürlich niemals so sagen würde. Als mir Ana jedoch an diesem Abend vom schwierigen Verhältnis zu ihrem Vater erzählt und dabei durchblicken lässt, wie wenig selbstverständlich es ist, was Papa und ich hier machen, da fühle ich mich meinem Vater plötzlich ein ganzes Stück näher. Ich spüre, dass unsere Reise mehr ist als eine Afrika-Safari, dass wir nicht nur auf der Suche nach Löwen, sondern auch nach neuen Horizonten sind. Noch nie im Leben bin ich jemandem wie Ana und Victor begegnet, und was die beiden machen, wie sie leben, ist eine Offenbarung für mich, etwas, an das ich bisher nicht mal zu denken gewagt hätte: Das Abenteuer als Lebenskonzept, Träumen folgen, Wünsche wahr machen – das will ich auch, und ein bisschen erkenne ich mich wieder in Ana, dieser lebenslustigen Frau, die wie ich ihren Weg im Leben sucht, die mir allerdings schon ein paar mutige Schritte voraus ist.

»*What's your next stop, where do you go from here, after Tofo?*«, fragt Ana am nächsten Morgen, als wir uns in der Freiluftküche zum Frühstück zusammenfinden – heute hat es mir überhaupt nichts mehr ausgemacht, verschlafen aus dem Dachzelt zu klettern.

Victor sieht mich an, dann nickt er vage in die Ferne: »*We go as we feel. We decide intuitivo, from the heart, where we sleep, every day, so we stay independiente!*«, fügt er in unbekümmert schlechtem Englisch hinzu – und da ist sie wieder, diese Sorglosigkeit, die Ana und Victor ausstrahlen und von der ich mir unbedingt etwas abgucken will: *Hakuna Matata!* Eine Unbeschwertheit, die hier über allem liegt, die auch dieses Land reflektiert, unsere Umgebung und die Menschen darin. Egal, ob es die Tauchlehrer von Diversity Scuba sind, die in ihrem vom Meerwasser zerfressenen Truck so lässig durch die Gegend cruisen, oder die Jugendlichen, auf die wir gestern noch in der Bucht von Inhambane getroffen sind:

Mit kunstvollen Sprüngen stürzten sich die Jungs ins Meer, dem glühenden Sonnenuntergang entgegen, und dabei versprühten sie eine derart ansteckende Lebensfreude, dass der Funke auf mich übersprang. Ich fühlte mich einfach nur happy und mega entspannt in ihrer Mitte, während ich die Atmosphäre mit Papas Kamera festhielt. Am Ende wurde die Stimmung sogar so ausgelassen, dass mir einer der Jugendlichen einen Heiratsantrag machte – dem Papa allerdings nicht zustimmte, obwohl er von dem jungen Mann äußerst höflich gefragt wurde.

»*That is so cool*«, sage ich zu Ana und Victor, »*I love to travel like that as well, but this time we have booked something at Mozambique Horse Safaris in Vilanculos. I picked that place – I found it on Instagram and I really want to go there because it looks like a dream …*«

»*Hey, we also go north from here!*«, sagt Victor mit einem breiten Grinsen auf dem sonnengebräunten Gesicht. »*Why don't we meet in Vilanculos?*«

Ich sehe, wie Papas Augen bei diesen Worten aufleuchten, und auch ich finde den Vorschlag gut: »*Yes! Let's meet again!*«

Und dann packen wir, klappen das Dachzelt zusammen und machen unseren Wagen bereit, und ich freue mich total darauf, wieder unterwegs zu sein. Ich bin überglücklich mit dem Erlebten und den Bekanntschaften der letzten Tage und gleichzeitig voller Vorfreude auf das nächste Abenteuer, das uns erwartet: die Pferdefarm – meine Entdeckung, und darauf bin ich ein bisschen stolz, auch wenn ich sie nur gefunden habe, weil Papa mich immer wieder gedrängt hat, rauszusuchen, was mich in Afrika interessieren könnte.

Die Fotos der galoppierenden Pferde auf paradiesischen Stränden hatten es mir sofort angetan, vielleicht weil sie

Kindheitserinnerungen und alte Träume in mir weckten, und die Vorstellung, auf dem Pferderücken über den weißen Sand zu preschen und in den blauen Ozean hineinzureiten, ließ mein Herz höher hüpfen. Es war wie eine märchenhafte Version jener Kindertage, in denen ich mit meiner Schwester auf kleinen Dorfponys über grauen Asphalt und durch trübe Bäche ritt. In meiner Fantasie waren wir damals auf edlen Rössern durch glasklares Wasser getänzelt, so wie wir uns Hütten aus Stöcken gebaut und uns vorgestellt hatten, es wären Schlösser ... Nun würde mein schönstes Luftschloss Wirklichkeit werden.

Als ich die Pferderanch im letzten Herbst auf Social Media entdeckte, war ich so begeistert, dass ich mich sogar fragte, ob ich nicht vielleicht länger dortbleiben und arbeiten, einen Aushilfsjob oder ein Praktikum machen sollte.

Hauke Der Reitstall Mozambique Horse Safaris ist eine der wenigen Stationen unserer Reise, die wir im Vorhinein kontaktiert haben. Ansonsten sind wir wie Ana und Victor weitgehend ungebunden und unabhängig unterwegs, ohne festen Plan, mit lediglich einer groben Route für unseren weiteren Trip. Heute, am 10. März, sind wir gerade mal eine Woche unterwegs seit unserem Aufbruch in Johannesburg und haben in Tofo unseren östlichsten Reisepunkt erreicht. Wir wollen noch mehr Küstenorte sehen und uns die Zeit nehmen, am Meer entlang weiter nach Norden zu fahren. Dann wie geplant ins Inland nach Simbabwe, vielleicht einen Abstecher nach Sambia oder Botswana einlegen und über Namibia zurück nach Südafrika. Mehr als diese vage Vorstellung haben wir nicht.

Am heutigen Nachmittag geht es allerdings erst einmal weiter zu Pat und Mandy Retzlaff, den Besitzern der Pferderanch, die am südlichen Rand von Vilanculos liegt, jener etwa 300 Kilometer entfernten Stadt, in der wir uns mit Ana und Victor wieder treffen wollen.

Als wir das gepflegte Grundstück am Ende eines Sandwegs erreichen, kommt uns das Paar schon lächelnd entgegen. Beide sind um die sechzig, und mit ihren wettergegerbten Gesichtern unter Cowboyhüten und den verwaschenen Jeans erinnern sie mich ein bisschen an Pferdehalter aus dem Wilden Westen. Es mutet abenteuerlich und geradezu unwirklich an, wie hinter ihnen etwa zwanzig große, gut gepflegte Pferde im weißen Sand unter Palmen und Akazien stehen, ihre Sättel ordentlich aufgereiht auf einem Paddockzaun.

Wir steigen aus dem Auto, und ich spüre Molins Aufregung, als uns der typisch warme Duft der Tiere entgegenweht, gemischt mit dem Geruch von Heu, Leder und Sattelöl, der mir hier in dieser Fremde eigenartig vertraut vorkommt.

Ganz anders als die Geschichte der Ranch, die ich bereits auf der dazugehörigen Website studiert habe: Was Pat und Mandy durchmachen mussten, ist unfassbar weit entfernt von friedlicher Vertrautheit und Beschaulichkeit, und ich weiß, dass die Gesichter der Rancher nicht nur von Wind und Sonne gezeichnet sind.

Vor rund fünfzehn Jahren mussten die beiden überstürzt aus Simbabwe, der ehemals britischen Kolonie Rhodesien, flüchten, weil sie unter Mugabes diktatorischer Herrschaft im Rahmen seiner »Landreform« nicht nur gewaltsam enteignet wurden, sondern auch um ihr Leben fürchten mussten. Nachdem es wegen der ungleichen Landvergabe zwischen Schwarzen und Weißen zu Ausschreitungen gekommen und ihre Farm von Protestlern besetzt worden war, verlor das Paar wie die meisten weißen Landeigner seinen gesamten Besitz, und als die Lage im Land immer weiter eskalierte, blieb ihnen nur zu fliehen, sonst wären sie erschossen worden. Doch während die meisten Siedler ihr Vieh vor der Flucht töteten, beschlossen Mandy und Pat, ihre geliebten Pferde und dazu noch die Herden ihrer Nachbarn in einer gewagten Aktion nach Mosambik zu retten – ein verzweifeltes und äußerst schwieriges Unterfangen, das Mandy in ihrem Bestseller *One Hundred And Four Horses* beschrieben hat.

Umso erstaunlicher finde ich die Ruhe und Gelassenheit, die die beiden ausstrahlen, als sie uns ins Haus bitten, ihre Zufriedenheit, die ganz klar von der Liebe zu ihren Pferden getragen wird. »Weißt du, wir sind Flüchtlinge in diesem Land – wir haben nicht viel, aber wir brauchen auch nicht viel. Wir sind einfach nur dankbar dafür, wie es ausgegangen ist für uns«, sagt Pat, während er uns mit Getränken bewirtet und ich mich in der einfachen Lodge umschaue. Ich höre nicht das kleinste bisschen Bitterkeit in der Stimme des Ranchers.

Dass sich Pat und Mandy trotz ihres Verlusts aus einer so hoffnungslosen Situation neu orientiert, sich dieses Refugium und damit eine neue Heimat geschaffen haben, beeindruckt mich ebenso wie die positive Lebenseinstellung, die auf der Ranch herrscht. Es ist eine afrikanische Fluchtund Erfolgsstory, und obwohl die Kundschaft der Retzlaffs nun vornehmlich aus reichen Touristen besteht, ist dies eine durch und durch afrikanische Ranch, die eine lebendige Geschichte dieses Kontinents erzählt, eine Geschichte, die zwar anders ist als jene, die wir bisher gehört und erlebt haben, jedoch nicht minder authentisch.

Dennoch ist Molin skeptisch, als wir uns kurz darauf in unserem anliegenden Hotelzimmer für unseren ersten Ausritt bereit machen. »Es ist schon so schön, wie ich es mir vorgestellt habe, sogar noch schöner ..., aber arbeiten will ich hier trotzdem nicht«, sagt sie, während sie sich die Beine mit Sonnencreme einschmiert.

»Ich glaube, ich weiß, was du meinst ...« Ich sitze auf dem breiten Bett und kontrolliere meine Kamera.

»Es kommt mir zu ... zu unreal vor ... Zu perfekt und abgeschottet irgendwie, wie eine *Bubble* für reiche Touristen, wie so 'ne Art exklusives Urlaubsparadies.«

Ich sehe meine Tochter fragend an, weil ich spüre, dass sie noch mehr auf dem Herzen hat.

»Ich weiß nicht ...«, fährt sie fort, »irgendwie kommt es mir auch komisch vor, dass Weiße hier das Sagen haben. Dir nicht? Also wem gehört denn das Land nun eigentlich? Wer war zuerst da? Auf jeden Fall ist das hier nicht das Afrika, das ich erleben will, es ist nicht das, was wir bisher erlebt haben, verstehst du?«

»Ja. Ich glaube schon ...«

»Ich will nicht wissen, wie Touristen hier Urlaub machen. Ich will lieber mehr Einheimische kennenlernen, sehen, wie die hier leben, arbeiten ...«

Ich nicke nachdenklich und schließe meine Kameratasche. Vielleicht hat Molin recht, zumindest teilweise: Dass Pat und Mandy als Nachkommen von Kolonialisten in Afrika zu Hause sind, steht für mich außer Frage. Dennoch, so bewundernswert ich ihre Geschichte auch finde, so wunderschön es hier ist: Nach unseren bisherigen Erfahrungen sehe auch ich diesen Ort mit etwas anderen Augen – realistischer, weniger idealisierend –, und ganz bestimmt sieht Molin ihn nicht mehr so, wie sie es als Kind getan hätte.

Trotzdem wollen wir unsere Stippvisite im Pferdeparadies in vollen Zügen genießen, und als Molin kurze Zeit später in Shorts und ohne Sattel auf dem Rücken eines stattlichen Rappen durch den Ozean pflügt, da spüre ich den Zauber dieses Augenblicks. Es bedeutet pures Glück für mich, meine Tochter grinsend wie Pippi Langstrumpf auf ihrem Pferd im Wasser zu sehen, mit den Füßen planschend und mit einem Strahlen im Gesicht, das mir zeigt, dass ein lang gehegter Traum nun doch noch Wirklichkeit geworden ist.

Ich bin froh, dass ich diesen Traum vom sicheren Boden aus mit der Kamera festhalten kann, und nur ganz kurz wage ich mich selbst auf einen Pferderücken – um zu verstehen, was dieses Erlebnis für meine Tochter bedeutet, um ihre Erfahrung zu teilen, auch wenn ich kein so erfahrener Reiter bin wie sie.

Nach dem Ritt im Meer verabschieden wir uns dann allerdings erst mal wieder, sowohl von Pat und Mandy als auch vom Hotel neben der Ranch, in dem wir eigentlich eingebucht waren: Trotz der Aussicht auf ein weiches Bett mit Moskitonetz haben wir uns entschieden, nicht hierzubleiben, sondern den Baobab Beach Backpackers Campground in Vilanculos anzusteuern, um dort in unserem vertrauten kleinen Dachzelt zu schlafen – und um unsere Freunde Victor und Ana wiederzusehen, die am Baobab Beach direkt am Meer campen, mit Blick auf die Inseln des Bazaruto-Archipels. Dorthin wollen wir in den nächsten Tagen eine Bootstour machen, und wieder einmal genieße ich das Gefühl, einen schönen Ort mit tollen Leuten teilen zu können.

Am nächsten Morgen kehren wir zur Pferdefarm zurück, um noch einen Ausritt zu unternehmen, und als wir der aufgehenden Sonne entgegengaloppieren, über die weiten

Sandbänke, die die Ebbe freigelegt hat, da verstehe ich zum ersten Mal in meinem Leben dieses sprichwörtliche Glück der Erde, das auf dem Pferderücken liegen soll: Was für ein irres Gefühl, den Wind in den Haaren zu spüren, das Trommeln der Hufe unter sich zu hören und auf der einen Seite den Ozean, auf der anderen Seite den Palmenstrand in rasendem Tempo vorbeiziehen zu sehen ... Es ist fast wie Fliegen, und während ich kurz die Augen schließe, tief durchatme und mich fühle, als würde ich jeden Moment abheben, reißt mich Molins Schreckensschrei schlagartig aus meinen Träumen.

Die Szene, die sich nun vor mir abspielt, erlebe ich wie in Zeitlupe, und mit angehaltenem Atem beobachte ich das wild buckelnde Pferd meiner Tochter, in dessen Mähne sie sich noch festkrallt, bevor sie aus dem Sattel fliegt und mit voller Wucht auf die Seite fällt. Als ich ihr gedämpftes schmerzerfülltes Stöhnen höre, stockt mir der Atem. Oh Gott. Bitte nicht! Was, wenn sie sich jetzt das Schlüsselbein gebrochen hat? Oder Schlimmeres? Was machen wir denn dann?

Molin rollt sich über die Schulter ab und steht langsam auf. Sie schwankt zwar ein bisschen, scheint aber wohlauf zu sein, und erleichtert stoße ich den Atem durch die Zähne aus, als ich sehe, wie sie ihre Schultern kreisen lässt und die Arme hebt. Gerade noch mal gut gegangen ...

Ihrem übermütigen Schimmel können wir jedoch nur noch hinterherschauen, und ich muss laut und befreit auflachen, als sein Hinterteil auf und nieder hüpfend mit wehendem Schweif in der Ferne verschwindet.

Pat, der den Ausritt anführt, gelingt es schließlich, das wild gewordene Pferd wieder einzufangen, und als er die Zügel lächelnd an Molin zurückgibt, traue ich meinen Augen kaum: Tapfer und mutig steigt meine Tochter erneut in den Sattel, fest entschlossen, die Situation und das Pferd wieder in den Griff zu bekommen. Ich bin ziemlich beeindruckt von der Beherztheit, mit der sie vorgeht. Und die wird dann auch belohnt. Als wir weiter am Strand entlangreiten, könnte es kaum schöner sein, und der Zwischenfall ist schnell vergessen.

Am Abend dieses Tages hören wir zum ersten Mal vom Zyklon Idai. Mandy und Pat erwähnen den aufziehenden Supersturm, und ein Blick ins Internet zeigt uns dessen Dimension: »Ein verheerender Wirbelsturm von nie da gewesenem Ausmaß wird auf die Küste Mosambiks treffen«, heißt es da über einem bedrohlich aussehenden rot-gelb-grünen Wetterkartenstrudel. Die Betonung liegt auf *rot* – das Ding sieht riesig aus!

»Sollen wir denn da überhaupt noch diese Inseltour machen, oder ist das zu gefährlich?«, fragt Molin, und ich höre Unbehagen in ihrer Stimme.

»Hm, wir haben die Bootstour zum Bazaruto Island Marine National Park so fest eingeplant, haben uns so auf diese einmalige Sand- und Dünenlandschaft gefreut ...« Ich bin unschlüssig.

»Morgen ist der allerletzte Tag, an dem ihr rausfahren könnt, es ist schon heute fast zu windig, seht ihr die Schaumkronen da hinten, auf den Riffen? Der Sturm ist schon fast da!«, warnen uns die Betreiber des Baobab Campgrounds, und es stimmt: Wenn man genau hinsieht, kann man Idai bereits am Horizont ausmachen – die Farbe des Himmels verändert sich, und in der Ferne schiebt sich langsam ein solides Wolkenband über das Meer.

Wir brechen trotz des zunehmenden Windes am 12. März in einem modernen Boot mit Außenborder zu den Inseln des Bazaruto-Archipels auf und vertrauen darauf, dass der Guide dieser Bootstour uns vor Tagesende sicher zurückbringen wird. Was für ein Glück, dass wir heute noch fahren können! Denn so können wir den Trip noch gemeinsam mit unseren Freunden Ana und Victor genießen.

Nach kurzer Fahrt über den rauen Ozean erreichen wir, bei noch immer blauem Himmel über uns, die erste von drei Inseln, und es ist ein unbeschreibliches Gefühl, diese unberührte Dünenlandschaft zu betreten und über die schönsten und weißesten Strände zu laufen, die man sich vorstellen kann! Es ist, als würde man auf Wolken gehen, im Himmel sein, es ist ein Traum in Weiß und Türkis, ein Paradies, so weit das Auge reicht!

Doch das Paradies ist nicht berechenbar, das ist nun überall zu spüren: Die Fischer an den Ufern holen ihre Netze ein, den Blick auf den bleifarbenen Horizont gerichtet, und auch das Wasser wird grau und trübe, es wirkt jetzt ebenso unruhig wie die Fischer, rastlos in Erwartung einer diffusen Gefahr.

Trotzdem gehen wir noch schnorcheln, allerdings sehen wir kaum etwas unter Wasser, zu aufgewühlt ist die See, deren Rauschen mir wie eine Warnung erscheint: Wieso seid ihr noch hier? Verschwindet, solange es noch geht!

Die allgemeine Unruhe unserer Gruppe und die Nervosität der Fischer färben auf mich ab, und ich merke, dass auch Molin langsam Angst bekommt. »Wir sollten zurückfahren«, drängt sie, »und uns in Sicherheit bringen!« Ana und Victor sind derselben Meinung, und dann schaukeln sich unsere Sorgen schneller hoch als die Wellen um uns herum. In solch einer Situation waren wir alle noch nicht, so etwas kennen wir höchstens aus dem Fernsehen.

»Okay!« Wir beratschlagen kurz und bitten dann den Guide, uns zurückzubringen, und glücklicherweise erreichen wir das Festland wohlbehalten. Doch was machen wir jetzt?

Unser nächstes Ziel wäre die Hafenstadt Beira etwas weiter nördlich gewesen, doch genau dort soll Idai auf Land treffen, genau dort wird das Auge des Sturms erwartet, der in der Tat so gewaltig ist, dass er inzwischen auch in Deutschland in den Nachrichten erscheint.

»Wo seid ihr? Wie geht es euch? Ist das nicht genau da, wo ihr seid? Seid ihr okay??« Unsere WhatsApp-Chats werden überflutet mit besorgten Nachrichten von Freunden und Familie, und die Frage, was wir nun tun sollen, wird immer drängender. Wenn man dem Wetterdienst glauben kann, wird dieser Zyklon verheerend sein und einen Pfad der Verwüstung hinterlassen – und obwohl es immer noch Einheimische gibt, die abwiegeln und behaupten, dass es hier jedes Jahr solche Stürme gibt, habe ich das Gefühl, dass wir unsere Pläne ändern müssen und auf keinen Fall weiter nach Norden fahren dürfen.

Und so begeben wir uns nach der Bootstour erst einmal wieder zur Pferdefarm, um Pat und Mandy um Rat zu fragen: Sollen wir fliehen? Oder sollen wir hier in der Gegend abwarten und den Sturm aussitzen? Wir könnten es auch wie Ana und Victor machen, die vorhaben, ins südliche Mosambik zu fahren, um dort Schutz zu suchen. Aber wir haben doch schon Pläne für Simbabwe gemacht, haben dort Verabredungen getroffen und wollen nicht eine Woche lang warten – so viel Zeit haben wir nicht!

Ich überlege, von Vilanculos schnellstmöglich und geradewegs nach Westen zu fahren, über die N222 nördlich des Banhine Nationalparks die Grenze zu Simbabwe zu erreichen. Doch Pat warnt mich sofort: Starkregen hat während der letzten Tage Teile der Straße weggespült und Brücken zerstört, sodass es dort möglicherweise kein Vorwärtskommen gibt – nicht auszudenken, was passieren würde, wenn wir dort stecken blieben, während der Sturm von hinten auf uns zurollt!

Kapitel 5

Fast im Auge des Zyklons

14. bis 17. März 2019,
Mosambik und Simbabwe/Bulawayo

Molin Es tut mir in der Seele weh, diesen Ort verlassen zu müssen, all die Menschen hier zurückzulassen, wohl wissend, was für ein Unheil auf sie zukommt. Werden die Besitzer des Baobab Beach Campgrounds, mit denen wir gestern noch gesprochen haben, übermorgen noch am Leben sein? Oder die Bewohner von Vilanculos und den Küstenstädten weiter nördlich: Was ist mit ihren Häusern, ihren Gärten, ihrem Vieh? Wird all das noch da sein? Oder wird ihr gesamtes Hab und Gut, das gesamte Leben dieser Menschen verwüstet, zerstört und weggeschwemmt werden?

»Das ist so ungerecht!«, sage ich zu Papa, als wir am Morgen des 14. März in Richtung Süden auf jener Straße zurückfahren, auf der wir vor vier Tagen hergekommen sind, genau entgegengesetzt zu unserer eigentlichen Reiseroute. »Es ist doch total unfair, dass wir einfach so abhauen können, während all die Leute hierbleiben müssen, oder?« Ich sehe nach draußen und beobachte, wie der Wind die Palmen biegt und Stöcke und Gräser vom Boden aufwirbelt. Mein Blick schweift in den wütenden grauen Himmel, der an unserem Auto zerrt und rüttelt. Ich fühle mich ganz krank, wenn ich darüber nachdenke: Die Einheimischen haben nicht das Glück, das wir haben, niemand hier kann sich einfach in einen Camper setzen, dem Sturm den Rücken kehren und sich davonmachen.

Besonders weh tut mir, dass es wohl vor allem diejenigen trifft, die nichts haben, die alles mit Schnüren und Keilen zusammenhalten, die nichts als einen Sack Maismehl und einen Kanister Öl und vielleicht eine Hütte aus Lehm besitzen, eine Behausung, die nicht mal einem durchschnittlichen Wind standhalten würde, geschweige denn einem Superzyklon.

»Das stimmt, wir sind extrem privilegiert!«, sagt Papa, während er sich mit auf die Straße geheftetem Blick nach vorn beugt. Ich spüre seine Konzentration und die angespannten Nerven, und mir kommt es so vor, als würde er schneller fahren als bislang auf unserer Reise. »Viele werden alles verlieren …«, sagt er, »und ganz ehrlich, wenn ich alleine wäre, würde ich vielleicht in die andere Richtung fahren …«

»Was? Warum? Bist du wahnsinnig??«

»Ja, schon möglich …«, Papa lacht kurz und bitter. »Aber ich hasse es, vor Dingen davonzulaufen.«

Ich frage mich, ob er damit jetzt was anderes meint als den Sturm.

»Sich ihnen zu stellen, bringt dich oft weiter, als vor ihnen zu fliehen«, fährt er fort, »so wie du ja auch wieder aufs Pferd gestiegen bist. Aber das gilt eben nicht immer!« Papa schüttelt den Kopf, als würde er sich von irgendwelchen hartnäckigen Gedanken oder Sorgen befreien wollen.

»Du machst dir Sorgen um Opa Fritz, oder?«

»Na ja, irgendwie haben mich die Ereignisse hier jetzt schon ein bisschen aus unserer perfekten Reise hinauskatapultiert. Als wäre ich in einen anderen Modus gerutscht …, das Unglück ist plötzlich so präsent. Und mein Journalisteninstinkt sagt mir eigentlich, dass ich ins Gebiet der Verwüstung fahren und das Geschehen dokumentieren sollte. Und tatsächlich würde ich das Ausmaß der Naturgewalten gern in Bildern zeigen, würde mit ihnen in Deutschland auf die Katastrophe hinweisen und so vielleicht auch helfen wollen … Verstehst du?«

»Können wir das denn gar nicht? Helfen, meine ich?«

»Hier und heute? Nein, Molinchen, ich kann dich auf keinen Fall in so eine Gefahr bringen. Wir sind nicht zum Dokumentieren von Katastrophen hierhergekommen. Wir wissen ja auch gar nicht, welche Bilder uns erwarten würden ...«

Papas Miene hellt sich etwas auf, im Gegensatz zum Himmel, der immer dunkler wird, doch ich merke, dass er in Gedanken trotzdem noch woanders ist: bei Opa oder bei den Fotos, die er vielleicht hätte machen können. Ich spüre seinen Zwiespalt und fühle mich dennoch weniger schuldig als eher erleichtert darüber, dass ich jetzt hier neben ihm sitze und ihn auf diese Weise davon abhalte, sich selbst in Gefahr zu bringen. Gleichzeitig bekomme ich zum ersten Mal so richtig mit, was in meinem Vater vorgeht, wenn er in seiner Welt, im »Journalistenmodus« ist: Ich ahne, was ihn antreibt, wenn er beruflich unterwegs ist, und spüre, wie ihn seine Themen bewegen und packen.

Schweigend geht es weiter, immer nach Süden, ohne Zeit zu verlieren oder überhaupt nur anzuhalten. Dabei fällt uns auf, dass die einzigen Autos, die uns entgegenkommen, Militär- und Hilfsfahrzeuge sind. Sie fahren gegen den Wind, wir mit ihm um die Wette, vorwärts, immer vorwärts – oder eher rückwärts: Wir passieren Inhambane, Inharrime ... All die Orte und Dörfer, die wir bis jetzt auf unserer Reise so ausgiebig und entspannt genossen haben, fliegen nun hektisch, wie im Rückwärtslauf, an uns vorbei. Kaum habe ich Zeit, mich an vergangene Bilder und Eindrücke zu erinnern, zu schnell lassen wir alles hinter uns auf unserer Flucht, die gegensätzlicher zu unserer bisherigen Tour kaum sein könnte.

Etwa sechs Stunden später erreichen wir die verregneten und leer gefegten Straßen von Xai-Xai, jenem Ort, in dem wir vor gerade mal einer Woche einen heißen, trubeligen und staubtrockenen Nachmittag erlebt haben. Es kommt mir vor, als wäre das Jahre her!

Hauke

Von Xai-Xai aus nehmen wir am nächsten Tag eine winzige Straße nach Nordwesten, parallel zur südafrikanischen Grenze und dem Kruger Nationalpark direkt dahinter. Ihre Beschaffenheit ist schlecht, und wir kommen jetzt nur noch langsam vorwärts, doch Pat und Mandy haben uns gesagt, dass diese Straße sicher, befahrbar und nicht überschwemmt sei. Ob das allerdings heute, einen Tag nach unserem überstürzten Aufbruch, immer noch so ist, wissen wir nicht, aber es bleibt uns kaum eine andere Wahl, als weiterzufahren und zu hoffen, dass der Sturm uns nicht ein- oder gar überholt.

Tatsächlich hat mich die Ankündigung von Zyklon Idai ziemlich durcheinandergebracht, und meine Gedanken wirbeln wilder in meinem Kopf herum, als mir lieb ist: Hoffentlich haben wir die richtige Entscheidung getroffen! Aber was hätten wir sonst tun sollen? Was erwartet uns als Nächstes? Was kommt noch auf uns zu? Angst, Unruhe, das Ungewisse, in das wir hineinfahren ..., all das bewegt mich, als ich nun Stunde um Stunde auf dieser Schotterpiste um Schlaglöcher herum manövriere und Pfützen umfahre, von denen ich nicht weiß, wie tief sie sind.

Vielleicht sind meine Gedanken auch deswegen plötzlich wieder bei meinem Vater, weil uns so viele Nachrichten aus Deutschland erreichen. Die Sorge zieht immer weitere Kreise, ist wie ein Boomerang oder ein Pingpongball, der vor und zurückgespielt wird: Wie geht es euch? Wie geht es ihm? Ist alles in Ordnung? Ist er wohlauf?

Ich blicke zu Molin hinüber, die nachdenklich aus dem Fenster starrt. Ich sehe förmlich, wie ihr Gehirn arbeitet, wie ihre Gedanken rotieren in dem Bedürfnis, etwas zu tun, irgendwie zu helfen.

Wie das Wetter, so hat auch unsere Stimmung einen extremen Umschwung erfahren, ganz plötzlich befinden wir uns in einem Tiefdruckgebiet, tiefer als die Schlaglöcher vor uns. Ich verspüre Melancholie darüber, dass wir etwas verlassen mussten, was wir nicht verlassen wollten, gleichzeitig kommt mir unser Auto, unser zuverlässiger, solider Schutzraum, wichtiger denn je vor: Auf einmal ist es überlebenswichtig, obwohl – und weil – es uns von hier fortbringt.

Um uns herum sieht die gebeutelte Landschaft blass und grau aus, als wäre alle Farbe dem Schrecken des Sturms gewichen. Wir lassen ein Paradies hinter uns, und ich kann mir gerade nicht vorstellen, dass es auf unserer Reise noch mal besser wird, dass es überhaupt noch mal so gut wird.

Wir beginnen über die vergangenen Tage zu reden, meine Tochter und ich, und wir muntern uns nicht nur gegenseitig auf und vertreiben uns die Fahrzeit, nein, ich habe das Gefühl, dass wir uns ganz neu kennenlernen, als wir über unsere Erlebnisse sprechen, ohne dass einer von uns einfach aufstehen und weggehen kann.

Zwischendurch tippt Molin zwar immer wieder auf ihrem Handy herum, in der unrealistischen Hoffnung auf Empfang, doch das hält uns nicht vom Erzählen ab und bringt mich schließlich auf eine Idee: »Was hältst du davon, wenn wir unsere Unterhaltungen aufnehmen? Da, mit deinem Handy? So können wir sie bewahren und mitnehmen, können die Erlebnisse, die uns jetzt schon so weit weg vorkommen, festhalten.«

dafrika ist Anfang und Ende des Roadtrips. Unser Weg führt uns an viele besondere Orte, zu onderen Menschen und Tieren. Und zu uns selbst.

Südafrika, Johannesburg. Was für ein Einstieg! Gleich am ersten Abend treffen wir in Melville die supercoolen Zwillinge Prince und Warren. Die Begegnung ist wie ein Willkommensgeschenk für uns

Südafrika, Johannesburg. Mit unserem Guide Mophete erkunden wir Soweto, geraten zufällig in e lesbische Zulu-Hochzeit im Township Dobsonville und werden wie Freunde behandelt.

dafrika, Johannesburg. Nachmittags laufen wir durch den Township Klipptown. Hier herrschen
nut und Kriminalität, und wir fühlen uns absolut fehl am Platz.

dafrika, Johannesburg. Im Township Diepkloof beenden wir unsere Tour an einer Kreuzung, wo
le junge Menschen feiern. Molin lernt Eliza kennen, die beiden verstehen sich auf Anhieb.

Südafrika, Kosi Bay Nature Reserve. An der Ostküste liegt der Kosi Bay River Mouth, eine riesige Flussmündung, in der Flusspferde leben. Diesen Teil des Naturschutzgebietes durchwaten wir bei Ebb

Mosambik, Inhambane. Jugendliche springen mit dem Sonnenuntergang um die Wette. Sie lassen sich gerne fotografieren, stellen viele Fragen, und wir genießen die tolle Stimmung.

sambik, Vilanculos. Ana und Victor sind in Barcelona gestartet und seit über einem Jahr unters. Mit unseren neuen Freunden reisen und campen wir ein paar Tage zusammen.

sambik, Tofo. Molin schwimmt mit einem etwa neun Meter langen Walhai. Der größte Hai der Welt riedfertig, und es hat uns extrem beeindruckt, ihm auf einer Ocean Safari so nah kommen zu dürfen.

Mosambik, Bazaruto Nationalpark. Wir erkunden Dünen, Sandbänke und Riffe der Inseln, und a
Bazaruto Island wähnen wir uns an einem der schönsten Strände der Erde.

sambik, Vilanculos. Ohne Sattel am Strand im warmen Indischen Ozean reiten – mit Mozambique
'se Safaris wurde ein Traum für Molin wahr.

sambik, Bazaruto Island. Fischer legen mit einem Ruderboot ein Schleppnetz aus und ziehen es
ıach per Hand wieder an Land. Die harte Arbeit wurde offenbar belohnt.

Simbabwe, Bulawayo. In der zweitgrößten Stadt des Landes wartet ein junger Mann auf ein privates T
um nach Hause zu kommen. Nirgendwo auf der Reise gab es freundlichere Menschen und weniger Ben

nbabwe. Auf dem Weg in den Hwange Nationalpark treffen wir auf diese Dorfbewohnerin in einem
id, das wir uns nicht besser hätten ausdenken können.

Simbabwe. In der Ngamo-Ebene haben wir uns auf der Suche nach dem Hwange Nationalpark verfahren, weil es keine Schilder und nur Sandwege gibt. Vom Dach aus versuchen wir, uns zu orientiere

Simbabwe, Hwange Nationalpark. In dem Schutzgebiet leben 45 000 Elefanten und damit die zw
größte Population Afrikas. Nahe der Camelthorn Lodge beobachten wir eine Gruppe beim Trinken.

nbabwe, Ngamo. In dem kleinen Dorf am Hwange Nationalpark zeigt uns der Bauer Obadiah Zaba
nen Hof. Die traditionelle Lebensweise der Familie begeistert uns.

nbabwe, Hwange Nationalpark. Zum Abschluss des Fotografie-Workshops machen wir ein Selfie
den Guides der Imvelo Safari Lodges in der Savanne (v. l.: Hauke, Pete, Clever, Molin, Ndaba, Jamie).

Simbabwe, Hwange Nationalpark. Die Anti-Wilderer-Einheit »Cobras« von Imvelo mit beschlagnahmter Stahlschlinge. Primitivsten Methoden der Wilderei begegnen sie effizient und ganz ohne Waffen.

ıbabwe, Hwange Nationalpark. Ein tagaktives Lappenchamäleon hat Kletterfähigkeiten, die man
st Superhelden zuweist, und ist ein harmloser Meister der Tarnung.

ıbabwe, Hwange Nationalpark. Ein acht Zentimeter großer Skorpion, den wir ausgegraben
en, auf der Hand eines Guides. Das Tier sieht bedrohlich aus, soll aber ungefährlich sein.

Simbabwe, Hwange Nationalpark. Das völlig abgelegene Gebiet an der botswanischen Grenze en puppt sich als heiß, wild und spannend. Ohne Guide ist kein Schritt sicher. Es ist mega.

Simbabwe, Hwange Nationalpark. Mit Zelten auf Stelzen und Moskitonetzen schützen wir uns vor Raubtieren, Insekten, Elefanten. Inmitten des Lebensraums der Tiere campen zu dürfen, ist ein Gesche

ıbabwe, Hwange Nationalpark. Noch nie zuvor hat Molin die Milchstraße so deutlich leuchten
ːen. Man meint, die Sterne berühren zu können.

Simbabwe, Hwange Nationalpark. Mit 14 600 Quadratkilometern ist das Schutzgebiet im Nordwes des Landes fast so groß wie der Kruger Nationalpark in Südafrika, ist aber deutlich weniger bekannt.

Simbabwe, Hwange Nationalpark. Wir entdecken Elefantenspuren nahe der Nehimba Lodge und spüren sofort die Anspannung der Guides – ihre Aufregung ist der beste Indikator für Gefahr.

nbabwe, Hwange Nationalpark. Als wir zu Fuß auf Safari gehen, entdecken wir den frischen
lruck einer Löwentatze. Das Tier muss gerade erst hier entlanggelaufen sein.

Simbabwe, Victoriafälle. Zurück aus der Wildnis, bestaunen wir einen der größten Wasserfälle der Welt. Er gehört zum UNESCO-Weltnaturerbe – und der Regenbogen strahlt vor Sambia.

Simbabwe, Sambesi-Fluss. Beim Rafting im Gummikajak mit Guides meistern wir Stromschnelle und weichen Flusspferden aus. Der Fluss bildet die Grenze zwischen Simbabwe und Sambia.

ıbabwe. Abendgottesdienst in der Zwelabo Secondary School, die Schüler stehen unter einer fzehn-Watt-Birne. Wir sehen wenig, doch ihr Gesang erfüllt den Raum mit vibrierender Energie.

ıbabwe. Da wir keinen anderen Platz gefunden haben, dürfen wir auf dem Schulhof des Internats ıpen. Morgens, als wir am Brunnen Wasser holen, wollen die Kinder mit Molin fotografiert werden.

Simbabwe, Lupane. In einem typischen Supermarkt zahlen die Kunden elektronisch per Handy, we es zu wenig Bargeld im Land gibt. Zu kaufen sind fast nur Grundnahrungsmittel in Großpackungen.

Simbabwe, Kadoma. In privaten Goldminen, die rund um die Stadt errichtet wurden, waschen Tagel ner Gestein, um Gold mithilfe von Quecksilber zu extrahieren. Mit schweren Folgen für die Gesundhei

babwe, Harare. An der Copacabana Combi-Station, dem Minibus-Bahnhof im Zentrum, treffen
unseren Guide für die Tagestour durch die Hauptstadt, den Filmemacher Teekay.

babwe, Harare. Der Mbare Township ist der älteste der Stadt. Hier werden Altkleider aus Mosambik
einen Zimdollar verkauft. Nur zusammen mit Teekay trauen wir uns in dieses Gedränge.

Simbabwe, Harare. Teekay stellt uns seine Familie vor. Er ist stolz auf seine Angehörigen und ihr Zuhause im Township Budiriro Four. Seine Schwester möchte, dass Molin ihr neugeborenes Baby hä

Sambia, Sesheke. Wir haben Diesel ergattert, konnten Simbabwe verlassen und erwachen in unser Dachzelt im Garten von Brenda's Baobab Lodge am Ufer des Sambesi.

ɴbia, Sesheke. Vor einem Laden, der Diesel und Benzin in Kanistern und daneben Brot verkauft, ·en wir einen Bauern mit seinem Karren.

ɴibia, Caprivizipfel. Wir fahren nach Westen auf sehr guter Straße. Hier gibt es Mücken, die aria übertragen können, und Rinder, die für uns als Autofahrer gefährlich werden können.

Namibia, Spitzkoppe. Unser Auto aus Drohnenperspektive vor den Inselbergen vulkanischen Ursprungs, die 1728 Meter hoch sind, in der Erongo-Region.

Namibia, Namib-Naukluft-Nationalpark. Die Sterndüne hinabzurennen ist die Anstrengung des Hochlaufens wert. Frühmorgens sind wir allein, klein und völlig bei uns in der ältesten Wüste der We

mibia, Namib-Naukluft-Nationalpark. Wir sind die letzten am Abend in den Dünen im susvlei – und da Molin zum ersten Mal eine wirkliche Sandwüste erlebt, ist sie außer sich vor Freude.

mibia, Spitzkoppe. Wir klettern abends einfach so auf den Inselberg. Der Granitfelsen ist vom Tag geheizt und überragt stolz die Umgebung. Die Lichtstimmung ist wundervoll.

Namibia. 150 Kilometer südöstlich von Swakopmund. Molin fährt unser Auto über heiße, endlose Schotterpisten entlang der Namib-Wüste.

Südafrika, Ventersdorp. Ein paar Stunden vor dem Rückflug verschenken wir Lebensmittel und Kleidung an Caroline, die mit ihren Kindern in dieser Hütte lebt. Ihre Dankbarkeit ist anrührend.

ıafrika, Kalahari-Wüste. Die Kalahari Red Dune Road führt entlang der botswanischen Grenze. Piste hat einige Wellblechabschnitte, und bei Van Zylsrus treffen wir auf eine Leopardenschildkröte.

ımibia, Namib-Wüste. Eine Straße bei erstem Tageslicht. Wenig Verkehr bedeutet auch Gefahr der ıgeweile bei großen Distanzen, und bei einem Unfall würde es keine Infrastruktur für Hilfe geben.

Namibia, Spitzkoppe. Hier kommt viel zusammen: Schönheit, Unabhängigkeit, Wildnis und die Freiheit, draußen zu sein. An die Nächte unter den Sternen werden wir uns erinnern.

»Okay …«, sagt Molin und grinst mich an, »… dann sind sie gespeichert. Safe. Für immer abrufbar.«

»Genau wie unsere Fotos, die wir ja auch immer wieder hervorholen können – und mit ihnen die gesammelten schönen Momente!«, füge ich lächelnd hinzu.

Als meine Tochter den Aufnahmeknopf drückt und wir uns ins Gespräch vertiefen, werden die Ereignisse noch einmal lebendig, spürbar und sichtbar, aus zwei Perspektiven – Molins und meiner. Und das macht unsere geteilten Erinnerungen doppelt so schön.

Wir fahren weiter und immer weiter, jetzt schon den zweiten Tag in Folge, während die Straße immer katastrophaler wird – inzwischen besteht sie kaum noch aus Asphalt oder Schotter, stattdessen immer öfter aus sogenanntem Wellblech, womit jedoch nicht das Material, sondern die Struktur gemeint ist: Mit der Zeit bildet sich auf jeder unbefestigten, schnellbefahrenen Straße eine riffelige Oberfläche, da ihr Belag – in unserem Fall Sand – von den Reifen wellenweise vorwärtsgeschoben und somit buckelig wird. Diese Oberflächenstruktur ist nicht nur äußerst unangenehm zu befahren, sie ist außerdem gefährlich, da die Reifen keine konstante Bodenhaftung mehr haben. Trotzdem verleitet sie manch einen Fahrer zum Rasen, da man die Hubbel weniger spürt, wenn man über die Piste »fliegt« – was natürlich eine noch höhere Unfallgefahr mit sich bringt, weswegen ich lieber abbremse und versuche, so gut wie möglich um die schlimmsten Bodenwellen herumzufahren.

So kurven wir mühsam Richtung Grenze, einem kleinen Grenzposten namens Chiqualaquala entgegen, der am südöstlichen Ende von Simbabwe liegt. Der Übergang ist so klein und wird so selten benutzt, dass er nur zu bestimmten

Zeiten besetzt und geöffnet ist, und als wir uns ihm bei einbrechender Dunkelheit nähern, ist es zu spät, um zu passieren. Einen Schlafplatz aber gibt es hier in der Einöde nicht, in diesem Zwischenraum, der irgendwie aus der Welt gefallen zu sein scheint, und nicht mal unsere mittlerweile so hochgeschätzte und vielfach bewährte App iOverlander bietet uns in dieser Gegend etwas an.

»Und? Wo sollen wir jetzt schlafen? Was machen wir denn jetzt?«, fragt Molin unruhig. Die Dunkelheit ist bedrohlicher als sonst, der unsichtbare Sturm hängt über uns, und am Straßenrand halten oder uns irgendwo in die Landschaft stellen wollen wir nicht – das ist uns generell zu unbehaglich, allerdings fürchten wir heute vor allem, dass eine Bö unser Dachzelt erfassen und einfach umhauen könnte.

Langsam tuckern wir bei schlechter Sicht vorwärts auf der Suche nach irgendeinem Anzeichen von Zivilisation, und als sich die Straße schließlich zu einem großen Platz weitet, an dessen Ende ein Ziegelhaus steht, atme ich auf. »Da fragen wir, wo wir schlafen können!« Vor dem Gebäude erkenne ich einen provisorischen Fahnenmast, an dem eine verblichene mosambikanische Flagge hängt, das rote Dreieck mit dem gelben Stern kann ich in unserem Scheinwerferkegel gerade so erkennen: »Das ist was Offizielles, das ist gut. Da kann man uns weiterhelfen, das ist unsere Chance!«, rufe ich erleichtert aus, und mir fällt ein, wie mein Vater mir einmal von seinen Afrikareisen erzählt hat und dabei immer wieder betonte, wie wichtig es sei, den *einen* Verantwortlichen zu finden. Wenn man den einen Verantwortlichen fragt, ist man sicher, da er für alle anderen entscheidet und spricht.

Molin Wir halten vor dem Häuschen, steigen aus und klopfen, einmal, zweimal, und während wir in der Dunkelheit warten, erahne ich die übrigen Behausungen des Dorfes mehr, als dass ich sie sehe. Sie liegen in der Dunkelheit zwischen Büschen und Bäumen verborgen, und ich finde die Umgebung ziemlich gruselig. Auch spüren wir die Ausläufer des Sturms deutlich: Es ist windig, nasskalt und ungemütlich.

Doch dann öffnet sich die Haustür, Licht strömt uns entgegen und ein gut gelaunter Mann, der sich als der Dorfvorsteher vorstellt, schüttelt uns enthusiastisch die Hände. Er lacht, scherzt und zieht sich sogar extra für uns ein frisches, leuchtend gelbes T-Shirt an, das mit seinem Gesicht um die Wette strahlt. Ehe wir uns versehen, sitzen wir trotz des Wetters biertrinkend mit ihm auf seiner Veranda und prosten uns zu.

»*You can sleep under that tree!*«, sagt der Dorfvorsteher schließlich, als der Regen heftiger wird, dabei deutet er auf einen gigantischen, ausladenden Tamarindenbaum, der seine Äste über den Platz streckt. Fast wie ein Baldachin breitet sich das Blattwerk in alle Richtungen aus, etwa zwei Meter über dem Boden bildet es eine Art Dach, und wir passen mit Wagen und aufgebautem Zelt so gerade darunter – hier sind wir bestmöglich vor jeglicher Witterung geschützt.

»Das ist bestimmt der Dorfversammlungsbaum«, sagt Papa, als wir ins Zelt klettern. »Darunter treffen sich die Bewohner, halten Versammlungen ab und so was.«

Ich versuche mir das vorzustellen, als ich mich in meinen Schlafsack kuschele, während die Blätter um uns herum murmeln und säuseln.

Während der Nacht wird der Wind stärker, und es heult und jammert in den Ästen, dass ich richtig Angst kriege. Hoffentlich hält unser Zelt dem stand, hoffentlich müssen wir es nicht einklappen und ins Auto umziehen, und hoffentlich werden wir nicht weggeweht! An Schlaf ist kaum zu denken, und so machen wir uns am nächsten Morgen schon früh auf den Weg. Langsam rollen wir vom Dorfplatz, dabei beobachten wir, wie die Einheimischen mit aufgeschnittenen Plastikflaschen Straßenpfützen leer schöpfen: Mir wird bewusst, was für ein unglaublich wertvolles Gut Wasser in dieser ansonsten so trockenen Region ist.

Nach einer halben Stunde Fahrt erreichen wir dann die simbabwische Grenze und nähern uns einem massiven Bau, der an ein Kasernengebäude erinnert. Mitten im Nirgendwo halten wir an, so gerade in Sichtweite, warten und kochen uns erst mal Kaffee, denn zu dieser Stunde ist der Übergang noch geschlossen.

Gegen sieben Uhr finden sich dann in aller Ruhe die ersten uniformierten und bewaffneten Grenz- und Zollbeamten ein. Wir beobachten sie von Weitem, und um nicht allzu hastig zu erscheinen, warten wir noch ein klein wenig länger, bevor wir die Grenzüberschreitung in Angriff nehmen. Zuerst müssen wir in Mosambik auschecken – was sich als unerwartet großes Hindernis erweist, denn obwohl wir unsere Papiere bereithalten und im Grenzgebäude ordnungsgemäß alle Formalitäten erledigen, umringen uns anschließend draußen vor der Schranke vier oder fünf Soldaten in schwerer Montur. Mit ihren tarngrünen Uniformen, Springerstiefeln und fetten Maschinengewehren sehen sie ziemlich gefährlich aus.

»Show me your car!«, kommandieren sie, und natürlich bleibt uns nichts anderes übrig, als zu tun, was sie sagen. Die Waffen gut sichtbar, geleiten die Uniformierten uns zu unserem Truck und beginnen, ihn zu inspizieren.

Junge, was ist hier los? Ich kapier das nicht! Wir wollen doch lediglich das Land verlassen! Warum kriegen wir keinen Exit-Stempel?

Beinahe genüsslich durchwühlen die Soldaten unser Gepäck, gucken buchstäblich in jede, selbst die noch so kleinste Tasche, und räumen unsere Klamotten zum Teil auch aus. So langsam bekomme ich das Gefühl, dass es ihre Mission ist, nicht aufzuhören, bis sie irgendwas finden. Und tatsächlich, schließlich entdecken sie beim Filzen unserer Essensvorräte ein Sixpack Bier.

»*You cannot take that! No exports allowed!*«, bellt einer der Soldaten, und ich könnte schwören, dass sich seine Haltung verändert, sein Griff ums Gewehr fester wird. Ich bin sprachlos, und auch Papa scheint für einen Moment nicht zu wissen, was er sagen soll.

»*We take it!*«, sagt der Grenzmann resolut und schnippt mit seinem Zeigefinger gegen die Bierdosen. Dann macht er eine Art glucksendes Schlürfgeräusch.

»*No! You won't take it!*«, entgegnet Papa, völlig überraschend, mit ebenso fester Stimme.

Was?? Ist er wahnsinnig? Was macht er da? Ey, das Bier ist doch egal! Ich will nicht in den Knast wegen so ein paar blöder Dosen!

Ich spüre, wie es in meinem Vater zu kochen beginnt, wie sich da eine testosterongeladene Aggression unter Männern aufbaut, und keiner will klein beigeben. Dabei können wir auf das Bier doch wirklich und weiß Gott verzichten!

»Papa!!«, zische ich meinen Vater an.

»Eine Aufforderung zur Bestechung? Das geht gar nicht!«, zischt er zurück.

»*You will pay lots of money, if they find it!*«, mischt sich nun ein anderer Grenzbeamter ein und deutet auf das etwas kleinere Häuschen der simbabwischen Einreisekontrolle etwa hundert Meter weiter: *»They'll make you pay, big time, big fine, better leave it here, cost you nothing.«* Mit gierigem Blick starrt er die Bierdosen an.

Aha. Jetzt endlich dämmert's auch mir! Die wollen nicht nur irgendwas finden. Die wollen unser Bier – als kleine Aufmerksamkeit, zum Selbertrinken natürlich. Aber damit es schön offiziell klingt, wollen sie uns glauben machen, dass, wenn die simbabwischen Beamten das Bier finden, wir eine hohe Strafe zahlen müssen, vor der sie uns ja bloß beschützen wollen. Na Prost! Was für eine lahme und unglaubwürdige Geschichte!

»Hey, are you guys football fans?«, höre ich plötzlich Papas Stimme neben mir, während ich noch über die Dreistigkeit der Soldaten und über ihre Masche staune.

Was hat er denn jetzt vor? Ich beobachte, wie er aus einer unserer Taschen eine Plastiktüte mit kleinen Anstecknadeln herauskramt, die wir von Ana und Victor, den Spaniern, geschenkt bekommen haben: Es sind kleine metallene FC-Barcelona-Buttons, die ich eigentlich an Kinder verteilen wollte.

»Neymar? Messi? You know them? You like them?«, sagt Papa jetzt mit versöhnlicher Stimme, dabei schüttet er ein paar der Broschen in seine Handfläche und hält sie den Grenzmännern hin. Und ich glaub ja nicht, was nun passiert: Sämtliche Soldaten beginnen synchron zu lächeln, und mit leuchtenden Augen treten sie einen Schritt näher, starren erst auf die Nadeln und greifen dann zu. *»Messi, Messi! Yes, yes! MESSI!«*, rufen sie begeistert und freuen sich wie kleine Jungs, als sie sich gegenseitig die Nadeln ans Revers stecken. Wow! Was für eine Transformation!

»Friendship presents«, sagt Papa noch, *»for our cultural exchange, international understanding, you know?«*, doch seine

Worte gehen im aufgeregten Geschnatter der Soldaten unter. Vom Bier jedenfalls ist überhaupt keine Rede mehr, und ohne ein einziges weiteres Problem bekommen wir unseren Exit-Stempel und werden durchgewinkt zum zweiten Schlagbaum am nächsten Häuschen. Dort müssen wir zwar wiederum 70 Dollar für Autoversicherung und Road Permits zahlen, dazu je 30 Dollar für unser Zimbabwe Entry Visum, aber die Summe von 130 Dollar ist ja wohl überschaubar im Vergleich zur angedrohten Bierstrafe – die wir natürlich nicht zahlen müssen.

Die Hauptstraße, die uns nun von der Grenze wegführt, ist kaum mehr als ein Feldweg, ein Trampelpfad, eng von Büschen und Bäumen umsäumt, und steht in krassem Gegensatz zu dieser überdimensionalen Grenzkontrolle. Wir sind mitten in einer afrikanischen Bilderbuchwildnis, in der man buchstäblich den Löwen hinterm nächsten Baum erahnen kann. Und dementsprechend gespannt und aufmerksam bewegen wir uns weiter fort mit Kurs auf Bulawayo, die zweitgrößte Stadt Simbabwes.

Ich lehne mich in meinem Sitz zurück und bin erleichtert, dass wir Soldaten und Grenzposten hinter uns lassen. Voller Vorfreude schaue ich in die Landschaft und fühle mich fast jetzt schon wie auf einer Tiersafari: Es ist wie Sightseeing, und so liebe und genieße ich das Autofahren total. Relaxt und sicher in einem geschützten Raum, mit wechselnder Geschwindigkeit und einer Aussicht, die sich dauernd ändert, ohne dass ich mich anstrengen oder vorsichtig sein oder mit der Außenwelt in Kontakt treten muss – und dennoch bin ich mittendrin und all diesem Neuen ganz nah.

Hauke Für mich hinterm Steuer bedeutet das Autofahren vor allem Konzentration, ständiges Achtgeben auf Bodenbelag, Schlaglöcher, den Straßenrand, den man nicht überfahren darf, wenn man nicht die weiche Böschung herunterrutschen will. Außerdem muss ich immer damit rechnen, dass jemand oder etwas vor mir die Straße kreuzt, sodass ununterbrochene Wachsamkeit geboten ist – was eher anstrengt als entspannt. Doch ich fahre gerne, und meine anfängliche Sorge, ob ich es überhaupt packen würde, dermaßen weit mit dem Auto durch verschiedene afrikanische Länder zu fahren, hat sich in Luft aufgelöst: Mittlerweile haben wir 4000 Kilometer hinter uns gebracht und alle Hürden samt Linksverkehr und abenteuerlichsten Straßenbedingungen gemeistert.

Am Nachmittag des 16. März nähern wir uns nun nach langer Fahrt auf völlig vereinsamten Straßen der Großstadt Bulawayo – und wenn wir bisher das Gefühl hatten, dass es hier überhaupt keine Menschen gibt, keine Dörfer, keine Kontrollen, so ändert sich das nun. Je näher wir der Stadt kommen, desto mehr Leute sind unterwegs am Rand der immer verkehrsreicheren Straße, dicht an dicht mit den Autos, denn auch weite Strecken müssen von den meisten Menschen in Simbabwe zu Fuß zurückgelegt werden.

An einer Kreuzung entdecken wir eine Mutter mit ihrem kleinen Sohn und viel Gepäck. Wir halten an und fragen, ob wir sie mitnehmen können, und sie signalisiert mit den Händen, dass sie in Richtung Bulawayo muss. Unterwegs versuchen wir, mit ihr zu reden, aber es wird schnell klar, dass sie kein Englisch versteht. Der kleine Junge versteckt sich schüchtern hinter seiner Mutter und starrt Molin an. Nach ungefähr einer Stunde Fahrt gibt sie uns ein Zeichen, dass sie an einer kleinen Kreuzung aussteigen möchte. Auch wenn wir uns nicht unterhalten konnten, fühlt es sich gut an, den beiden geholfen zu haben.

Die Ausläufer des Zyklons sind derweil hier, 700 Kilometer entfernt von Beira, immer noch zu spüren, wenn auch nicht mehr ganz so heftig: Die Wolken hängen grau und tief, es gibt regelmäßige Regenschauer, und mehr als einmal frage ich mich, wie es nun an der Küste aussieht, was Idai dort wohl angerichtet haben mag.

In einem Vorort der Stadt halten wir schließlich vor einer kleinen Bäckerei, um uns etwas zu essen zu kaufen, und als ich durch die Tür trete und mir der Duft von frischen Hefefladen entgegenweht, erspähe ich einen kleinen Fernseher hinter dem Tresen, der eine Nachrichtensendung über den Sturm zeigt.

Und jetzt erst, während ich mitten in dem kleinen Bäckerladen wie versteinert auf den Bildschirm starre, wird mir klar, was für eine verheerende Naturkatastrophe über Mosambik hereingebrochen ist und wie knapp wir ihr entkommen sind. Auch Molin neben mir ist ganz blass geworden, und geschockt verfolgen wir das Fernsehprogramm und vergessen für eine Weile alles andere um uns herum: In der Nacht zum 15. März ist Zyklon Idai in Beira auf Land getroffen, hat die Halbmillionenstadt komplett verwüstet, die gesamte Küstenregion überflutet. Von über tausend Toten ist die Rede, Hunderttausende sind obdachlos, und die Bilder der Tragödie erschüttern mich zutiefst – sie zeigen nichts als Elend, Chaos und Zerstörung, Ortschaften und Dörfer unter Wasser und Überlebende, die verzweifelt auf Bäumen und Dächern ausharren.

»So viel Leid …«, höre ich Molins heisere Stimme neben mir flüstern, und als ich mich vom Fernseher ab- und ihr zuwende, sehe ich, dass ihr Tränen die Wangen hinunterlaufen.

»Ja, so viel Unglück und Schmerz ...« Auch mir fehlen die Worte.

Obwohl uns der Appetit vergangen ist, kaufen wir ein Hefebrot für einen US-Dollar, und als wir wieder im Auto sitzen, realisiere ich, dass das Brot eigentlich nur einen Simbabwe-Dollar kostete, also nur einen Bruchteil dessen, was wir bezahlt haben.

»Dieser Bäcker hat gerade den Deal der Woche gemacht«, versuche ich zu scherzen und Molin aufzuheitern, und tatsächlich erscheint ein kleines Lächeln auf ihrem Gesicht. Ich starte den Wagen, und wir fahren zu einem Bed and Breakfast mitten in der Stadt, das ich von einer früheren Reise kenne und in dessen Garten wir unseren Camper abstellen: Dies wird unser heutiger Schlafplatz sein, und nachdem wir uns unter einem Mangobaum häuslich eingerichtet und dort sogar eine WLAN-Verbindung bekommen haben, nutzen wir die Gelegenheit, unsere Familie und Freunde in Deutschland zu beruhigen und mit Ana und Victor Kontakt aufzunehmen, die es sicher nach Maputo geschafft haben.

Als Nächstes machen wir eine Erkundungstour durchs Zentrum und statten dort dem berühmten Bulawayo-Club einen Besuch ab – dieser ehemalige Treffpunkt der Weißen befindet sich in einem prachtvollen englischen Kolonialgebäude, von dem aus wir uns anschließend direkt ins gegenüberliegende moderne Pioneer Building begeben, um von dort einen Rundumblick über die Stadt zu genießen.

In der hippen Terrassenbar des Hochhauses treffen wir auf eine Gruppe beschwipster Jugendlicher, die gut gelaunt für Selfies posen, dabei Molin umringen und mit ihr schäkern. Ich bewache die Szene mit väterlichen Argusaugen, und dabei fallen mir die gewagten modischen Kombinationen der Jungs auf: Sie alle tragen weite, übergroße Second- und Thirdhand-Kleidung, möglicherweise europäische Ausschussware, die sie gekonnt zu coolen Baggy-Style- und Oversized-Outfits kombiniert haben. Unwillkürlich frage ich mich, ob das wohl auch unser Stil der Zukunft sein wird: Nachhaltig ist er jedenfalls, und schick und günstig noch dazu.

Wir verlassen die Terrasse, und ein paar Straßenecken weiter entdecken wir, wo die Bulawayo-Boys ihre Klamotten herhaben: Ein gigantischer Secondhand-Kleidermarkt erstreckt sich hier über einen kompletten Straßenzug.

»Wow! Das ist der größte Klamottenmarkt, den ich je gesehen habe!«, staunt Molin mit großen Augen, und ich muss ihr zustimmen: »Das ist schon irre, wenn man bedenkt, dass ein großer Teil der Baumwolle in Afrika angebaut wird, dann nach Asien zur Verarbeitung geschickt wird, die fertigen Klamotten anschließend nach Europa zum Verkauf geschafft werden, und was wir davon dann nicht mehr wollen, landet letztendlich wieder hier.«

»Bergeweise! Das ist der Wahnsinn! Also wirklich, da will ich mir eigentlich überhaupt nichts Neues mehr kaufen ...«

»Stimmt, diese Industrie ist der Wahnsinn, und was das für die Umwelt bedeutet, darf ich mir gar nicht vorstellen – vor allem, wenn man bedenkt, wie viele von den Sachen schließlich entsorgt werden, wie viel verbrannt oder in Flüsse geschmissen wird.«

Der Marktverkauf geht gerade zu Ende, und hier wird erst mal nichts entsorgt. Die Händler packen ihre Waren ein, und in der untergehenden Sonne wirken die Stoffe und Farben, die fremden Gerüche und die wuselige Geschäftigkeit beinahe mystisch, zauberhaft, wie ein großer farbenfroher Teppich, wie eine Szene aus *Tausendundeiner Nacht*.

Wir saugen die Atmosphäre ein, unbehelligt und unbeachtet, und können uns nicht sattsehen, bis sich die Dämmerung über den Markt legt und das Zwielicht die Farben verblassen lässt. Stattdessen stechen uns nun die gespenstisch weißen, langbeinigen, zum Teil verbeulten und kopflosen Schaufensterpuppen ins Auge, die nach und nach auf kleinen Wagen zusammen mit den Kleidersäcken verladen und weggerollt werden: In- und übereinandergestapelt, eng verschlungen und verschachtelt, erinnern sie mich ein bisschen an den Garten der Lüste von Hieronymus Bosch. Mit quietschenden Rädern rollen die vollgepackten Karren schließlich von dannen, und die Plastikfiguren darauf sehen aus, als würden sie federnd auf und nieder wippen, nur ab und zu kippt eine abrupt zur Seite. Dann verschwinden sie mit bleichem Schimmer wie Geister in der Nacht, und mir wird mulmig: Dies ist immerhin die zweitgrößte Stadt des Landes, und nach Einbruch der Dunkelheit sollte man auch hier nicht draußen unterwegs sein.

Zudem ist Bulawayo weitgehend unbeleuchtet, Straßenlampen gibt es kaum, zu arm ist auch dieses Land. Doch alles scheint friedlich und freundlich, und Molin sieht eher fasziniert als beunruhigt aus – und das beruhigt auch mich: Das strahlende Gesicht meiner Tochter macht die fehlenden Straßenlichter mehr als wett, und vielleicht liegt es an diesem Leuchten, dass sie von einem Familienvater angesprochen wird, der ein Foto mit Frau und Kind und Molin in deren Mitte machen möchte. Zum ersten Mal auf unserer Reise sind nicht wir diejenigen, die nach einer Fotoerlaubnis fragen! Zum ersten Mal ist es umgekehrt, und die Freundlichkeit und das Interesse dieser Menschen rührt mich sehr:

Ich fühle mich rundum wohl, sicher und willkommen in diesem Land.

Ebenso sicher und ungestört übernachten wir anschließend in unserem Dachzelt im Garten des Bed and Breakfast, und als wir am nächsten Morgen aufwachen, scheint auch endlich die Sonne wieder: Nachdem das düstergraue windige Wetter nun tagelang auf unsere Stimmung gedrückt und an unseren Nerven gezerrt hat, kommen mir die goldene Wärme und das Blau des Himmels so tief und intensiv vor wie nie.

Im gleißenden Morgenlicht laufen wir los, um noch einen Tag lang durch die Straßen von Bulawayo zu stöbern: Wir schlendern über den wieder geöffneten Kleidermarkt und durch verschiedene Shops und besuchen außerdem eine Geldtauscherin namens Yolanda, deren Telefonnummer uns unser B&B-Gastgeber zugesteckt hat. Am späten Nachmittag suchen wir sie in einem etwas schmuddeligen Hinterzimmer auf, um ihr ohne viele Worte ein Bündel US-Dollarscheine in die Hand zu drücken, wofür wir umgehend einen doppelt so dicken Stapel Simbabwe-Dollar zurückbekommen. Räumlichkeit und Transaktion wirken etwas zwielichtig, und als wir durch einen Hinterausgang das Etablissement verlassen, wispert mir Molin ins Ohr: »Das war doch jetzt bestimmt nicht legal, oder?« – »Nö!«, flüstere ich zurück, und wir suchen schleunigst das Weite. »Aber da siehst du es, auf die Weise würden wir nichts kriegen ...«, ergänze ich, als wir kurz darauf an einem Geldautomaten vorbeikommen, vor dem sich eine riesige Menschenschlange gebildet hat. »Wenn da die Letzten an die Reihe kommen, ist der Automat längst leer! Und er wird nicht sofort nachgefüllt, weil nichts da ist, weil überhaupt höchstens einmal in der Woche Geld geliefert wird.«

Erstaunlicherweise scheint mir Simbabwe trotz dieses Mangels und seiner Armut eines der sichersten und ungefährlichsten Länder Afrikas zu sein: Wegen der noch nicht lange zurückliegenden Diktatur und der sozialistischen Strukturen gibt es wenig Kriminalität, obwohl Inflation und Devisenmangel den Menschen das Leben schwer machen. Es fehlt an Cash genauso wie an Diesel, und das einheimische Geld will niemand haben, wie wir bald darauf feststellen: Bereits an der ersten Tankstelle, die wir anfahren, gibt es Benzin nur gegen US-Dollar – verständlich in einem Land, in dem die Inflation schneller voranschreitet, als man gucken kann. Wahrscheinlich wird der sogenannte Zimdollar schon übermorgen nur noch halb so viel wert sein wie heute.

Zum Glück habe ich noch genügend amerikanisches Geld dabei, und so können wir uns am nächsten Morgen mit vollem Tank für die Weiterreise bereit machen. Nach zwei angenehmen Tagen in der Zivilisation, während derer wir Wäsche gewaschen, Vorräte aufgefüllt, telefoniert und E-Mails geschrieben und auch mal wieder ordentlich in einem Restaurant gegessen haben, sind wir nun in bester Aufbruchstimmung. Voll neuer Abenteuerlust machen wir uns auf den Weg nach Nordwesten, in die Wildnis, zum Hwange Nationalpark, um das zu tun, wozu wir ursprünglich aufgebrochen sind: Tiere angucken. Auf Safari gehen!

Kapitel 6

Wild und Hüter

18. bis 28. März 2019,
Simbabwe/Hwange Nationalpark und Victoria Falls

Molin

Etwa sechs Stunden dauert die Fahrt von Bulawayo zum Hwange Nationalpark, und auf diesem Teil der Reise begeben wir uns nun zum ersten Mal so richtig aufs Land – und tief ins unbesiedelte Landesinnere hinein: Hier sind die Sandstraßen kaum noch sichtbar, und es gibt keine Schilder, keinerlei Hinweise, sodass wir teilweise nach Gespür fahren.

Unser Ziel ist ein kleines Dorf an der Grenze des Parks, in dem auch die Lodge liegt, in der wir heute übernachten werden. Papa war hier im letzten Jahr schon einmal, er kennt die Betreiber der Imvelo Safari Lodges, die vier verschiedene Camps im Hwange Park unterhalten, und hat mit ihnen einen Tausch vereinbart: Er fotografiert für sie, und wir bekommen dafür Unterkunft und Safaris umsonst. *Safaris!* Ich kann sie kaum erwarten!

»Molinchen, wo ist Westen, und wo ist Osten?«, reißt mich Papa aus meinen Gedanken.

»Oh Moment. Osten ist so gegenüber von der Sonne jetzt …« Ich blinzele in den Nachmittagshimmel, an dem nur ganz in der Ferne noch ein paar Regenwolken zu erkennen sind.

»Also da hinten?« Papa deutet irgendwo in die endlose flache Steppenlandschaft mit vereinzelten Bäumen darin, die, egal, wo man hinguckt, gleich aussieht.

»Ja, da. Rechts.«

»Okay. Dann müssen wir hier nach links.« Und schon biegt er unbeirrt durch ein gelb getrocknetes Grasfeld ab.

Wie schon in Johannesburg ist es meine Aufgabe zu navigieren, und das ist bei diesen Sandwegen, die sich kaum von der Umgebung abheben, gar nicht so einfach.

»Ich bin froh, dass wir jetzt für ein paar Tage was Festes vor uns haben«, sagt Papa. »Es ist schön, planlos zu sein, aber es macht auch Spaß, für ein paar Tage einen Plan zu haben.«

»Ja. Vor allem nach dem ganzen Chaos, nach der Flucht vor dem Sturm ...«, stimme ich zu, während ich etwas besorgt aus dem Fenster schaue und mich frage, ob wir uns hier gerade wirklich auf einer Straße befinden oder vielleicht doch ein Stück zu früh abgebogen sind.

»Auch wenn Planen vielleicht was typisch Deutsches ist: Im Moment gefällt es mir!« Mein Vater atmet tief durch, dann lacht er wie befreit, und ich spüre seine Vorfreude, spüre die gespannte Erwartung, die durch unser Auto vibriert, als wir über das hubbelige Steppengras immer tiefer ins Nirgendwo fahren. Die Stimmung färbt auf mich ab, und ein Gefühl von Glück steigt in mir auf – gefolgt von einer stetig größer werdenden Aufregung, vielleicht weil nun genau das vor uns liegt, wovon ich so viele Monate aus der Ferne geträumt habe.

Vielleicht aber auch, weil die Fahrt immer nervenaufreibender wird: Da wir kein Internet, kein Navi und ein Satellitentelefon nur für den Notfall haben, muss ich meinem Vater wirklich total altmodisch sagen, wo's langgeht, und zwar mithilfe von Land- und Straßenkarten, faltbaren Papierplänen, die in dieser Gegend eindeutig mehr Land als Straße zeigen. Und obwohl wir weiter und weiter fahren, immer Richtung Westen, wie ich glaube, ist weit und breit kein Dorf in Sicht. Nur ein paar Kühe stehen hier und da in der Landschaft herum, was uns zumindest zeigt, dass wir noch nicht im Nationalpark sind.

Ich falte die Karte um und etwas weiter auseinander. Ich drehe sie einmal nach rechts, dann wieder nach links.

»Sind wir hier noch richtig?«, fragt mein Vater.

Ich gucke nach draußen, gucke mich um, doch es gibt absolut keinen Anhaltspunkt – es sieht in allen Richtungen völlig identisch aus. Ich schaue wieder auf die Karte, drehe sie einmal ganz herum, sodass sie auf dem Kopf steht. »Oh Mann, ich glaub, ich hab echt keine Ahnung mehr, wo wir jetzt sind …«, muss ich schließlich kleinlaut zugeben, und Papa bremst den Wagen ab.

»Okay. Macht nichts. Lass uns kurz Pause machen. Wie wär's, wenn du mal aufs Dach kletterst? Vielleicht hast du von dort oben einen besseren Überblick und kannst dich orientieren. Vielleicht siehst du von weiter oben sogar das Dorf!«

Was? Bin ich jetzt etwa der Ausguck wie auf 'nem Schiff? Aber irgendwie gefällt es mir! Und als ich dann hoch oben auf dem Autodach stehe, als ich die Luft einsauge, die nach trockenem Gras und sandiger Weite riecht, während sich vor mir die geheimnisvolle Steppe erstreckt und die glutrote Sonne den Horizont berührt, da spüre ich es wieder, dieses ferne und doch so seltsam vertraute Kindheitsabenteuergefühl.

Hauke Es scheint, als hätten wir den Weg verloren. Kein Wunder in dieser endlosen unbewohnten Landschaft, in der wir nun knapp hundert Kilometer zurückgelegt haben, seit wir von der Hauptstraße A8 abgebogen sind. Auf dieser letzten Strecke sind wir nur einem einzigen Auto begegnet, und ich verstehe, warum hier kaum Selbstfahrer unterwegs sind: Ohne Guide findet man sich nicht zurecht.

Dennoch bin ich nicht beunruhigt. Im Gegenteil, ich fühle so etwas wie ein Urvertrauen – denn das Szenario, in dem wir uns gerade befinden, lässt uralte Erinnerungen aus mir hervorbrechen. Die Faltkarte, mit der Molin herumhantiert, die Art und Weise, wie meine Tochter versucht, unsere Route zu finden, haben bei mir eine Art Flashback ausgelöst, fast wie ein Déjà-vu: Es sind Bilder von meinem Vater und mir als Kind, die plötzlich in meinem Kopf auftauchen, Bilder von uns beiden in einem Auto ..., ich sitze neben ihm, während er fährt, und lese die Straßenkarte, weise ihm den Weg ... damals, als wir noch zusammen reisten, als es kein anderes Mittel zur Navigation gab als diese Landkarten.

Ich sehe noch genau vor mir, wie wir in unserem alten VW-Bus T2 unterwegs nach Finnland waren, auf dem Weg nach Lappland, wo wir allsommerlich zu einer Hütte am Polarkreis fuhren – ebenfalls über abenteuerlich rohe Straßen, ebenfalls durch unbewohnte Wildnis, ins abgelegene Nirgendwo. Und genau wie meine Tochter jetzt, navigierte auch ich für meinen Vater, damals, als ich ein Junge war, und ich genoss die ungeteilte Aufmerksamkeit, die ich in jenen Momenten von ihm bekam, als ich sagen durfte, wo es langging.

Dieses Bild bedeutet noch immer pures Glück für mich, und in meinem Kopf legen sich die beiden Ereignisse, das Jetzt und das Damals, wie Blaupausen übereinander, und das ergibt ein wohliges Doppelgefühl, fremd und vertraut zugleich.

»Und, was siehst du?«, rufe ich meiner Tochter zu, die noch immer oben auf dem Autodach steht. Die Sonne versinkt bereits, und ich schalte unsere Scheinwerfer ein, als ich plötzlich in der Ferne, fast wie ein Spiegelbild, ein weiteres Scheinwerferpaar auf uns zukommen sehe. Wie aus dem

Nichts materialisiert sich genau im richtigen Moment ein weißer Geländewagen, unserem nicht unähnlich, und während Molin noch ruft: »Auto in Sicht!«, freue ich mich über diese glückliche Fügung und bin wieder einmal voller Zuversicht, dass wir uns durch Fragen zurechtfinden werden und uns der Fahrer des anderen Wagens weiterhelfen kann.

Als das Auto uns erreicht, stellt sich heraus, dass es zu genau jener Lodge gehört, in der wir übernachten wollen, und sowohl der Fahrer als auch seine passend zur Wildnis in ein Leopardenkleid gehüllte Beifahrerin begrüßen uns herzlich und geleiten uns dann in das von uns gesuchte Dorf.

Dort wollen wir in einem Supermarkt namens »Shopping Paradise« unsere Vorräte aufstocken – obwohl von »Paradies« wahrlich keine Rede sein kann: Es gibt hier so gut wie nichts, nicht einmal Strom, die meisten Regale sind leer, nur Mehl und Speiseöl stehen säcke- und kanisterweise an einer Wand aufgestapelt. Alles ist improvisiert, und wir werden auf der Suche nach Brot und Aufschnitt einmal mehr daran erinnert, wie bettelarm Simbabwe, die einstige Kornkammer Afrikas, heute ist.

»Hier gibt's wirklich nicht viel …«, murmelt Molin, während sie die Regale durchgeht und ein paar Maismehlpackungen zur Seite schiebt, »… doch obwohl die Leute nur so wenig haben, sind sie so freundlich und hilfsbereit!«

»Vielleicht gerade deswegen …« Mir ist akut bewusst, dass dieses Land, das uns so herzlich willkommen heißt und das meine Tochter so wunderbar findet, noch vor zwei Jahren unbereisbar war: Erst im November 2017 wurde Präsident Mugabe durch einen Militärputsch gestürzt – Mugabe, der anfangs gefeiert wurde, weil er das Land von der britischen Kolonialmacht befreit hatte, sich aber dann zum gefürchteten Gewaltherrscher entwickelte. Dass dieses so gebeutelte

Land so gebildete und freundliche Menschen beheimatet, erstaunt mich wirklich immer wieder. »Vielleicht ist gerade aus diesem Mangel heraus eine besondere Hilfsbereitschaft, das Interesse und diese Freundlichkeit entstanden«, sage ich, »denn hier wissen Menschen, was es bedeutet, Hilfe zu brauchen«, greife nach einer Tüte mit Fladenbrot und zwei Dosen Cola und wende mich der Verkäuferin zu.

Eine Viertelstunde später erreichen wir mit unseren bescheidenen Einkäufen unser Camp, die Camelthorn Lodge, die direkt am eingezäunten Nationalpark liegt. Doch außer dem Zaun erkennen wir wegen der Dunkelheit erst mal nichts – nur das Eingangstor zum Wildtiergebiet schimmert verheißungsvoll in einiger Entfernung durch die Finsternis.

Molin

Am nächsten Morgen geht es dann sofort los zur ersten Safari. In einem offenen Geländewagen, der Sitzplätze für sechs Personen auf einer etwas erhöhten Plattform hat, fahren wir mit zwei Rangern in den Park hinein, und ich fühle mich schon ein bisschen nackt und angreifbar, wie auf einem Präsentierteller: Wie soll dieses Fahrzeug uns denn im Zweifelsfall vor wilden Tieren schützen? Nervosität, Angst und eine unbändige Neugier erfassen mich gleichzeitig. Jetzt wird es ernst! Jetzt sind wir drin! Und es ist Nervenkitzel pur! Immerhin weiß ich, dass die Tiere hier irgendwo lauern und jederzeit auf uns zuspringen können, und je länger wir durch die Wildnis über Sandwege und schmale Pfade, durch dichte Büsche und dann wieder über offene Ebenen fahren, desto kribbelnder wird die Spannung, bis es schließlich kaum noch auszuhalten ist.

Nach einer guten Viertelstunde machen wir Stopp an einem kleinen halb unterirdischen Bauwerk aus Beton, das die

Ranger »Bunker« nennen. Vom Inneren des Bunkers können wir durch ebenerdige Sehschlitze ein Wasserloch beobachten, und während ich mich noch in Position bringe, spüre ich schon, dass der Boden erzittert! *Wumms, wumms, wumms* dröhnt und bebt es plötzlich um uns herum, immer heftiger, wie ein Erdbeben oder eine heranrollende Lawine, und dann höre ich plötzlich ein durchdringendes Trompeten, das meine Ohren zum Klingeln bringt. Wow! Ich merke, wie nass geschwitzt ich bin ...

Um das Wasserloch hat sich binnen kürzester Zeit eine stattliche Gruppe von Elefanten versammelt, und wir sind buchstäblich mitten unter ihnen. Wie irre ist das denn!? Ich muss mich schwer zusammenreißen, um nicht vor Aufregung und Freude zu quieken: Etwa ein Dutzend Elefanten sind nun zum Greifen nah, nur wenige Meter von uns entfernt, und während sich die stickige Luft im Bunker mit dem süßlich-scharfen Geruch der Tiere vermischt, bestaune ich den riesigen Bullen mit meterlangen Stoßzähnen, der direkt vor mir aufragt. Dicht hinter ihm stehen zwei Mütter mit ihren Jungen – unfassbar, wie groß selbst die noch sind!

»Wahnsinn, oder?«, wispert Papa neben mir.

»Mhm. Noch nie in meinem Leben hab ich wilde Tiere von so nah gesehen«, wispere ich zurück, und mein Blick haftet auf den Kleinen, die wirklich besonders süß sind.

»Time for breakfast!«, ruft kurze Zeit später einer unserer Ranger, als die Elefanten sich wieder entfernt und wir den Bunker verlassen haben. Glück, Erleichterung und Entspannung machen sich breit – und so ein Erfolgserlebnis macht natürlich hungrig.

Im Schatten eines Akazienbaumes bauen die Ranger einen Picknicktisch auf und servieren Brot und Obst, bevor wir uns auf die nächste Etappe der Safari begeben – und zwar zu Fuß!

Nee, oder? Auf einmal kommt mir der offene Jeep unendlich sicher und geschützt vor – damit kann man wenigstens schnell verschwinden, wenn's brenzlig wird! Und während wir nun langsam durch die Steppe stapfen, kann ich nicht anders, als mich zu fragen, wie viele Löwenangriffe es hier wohl schon gegeben hat, wie viele Leute auf solchen Fußsafaris bereits angefallen oder gar getötet wurden.

»Was würde denn einen hungrigen Löwen jetzt noch davon abhalten, einfach auf uns loszugehen?«, keuche ich etwas außer Atem. Wir kämpfen uns gerade durch ein dichtes Gestrüpp, und ich halte kurz an und drehe mich zu Papa um, der hinter mir läuft.

»Wir gehören nicht in ihr Beuteschema, die greifen keine Menschen an. Und falls es sich doch mal einer anders überlegt, dann ... nun ja.« Papa nickt zu den beiden Rangern hinüber, die Gewehre geschultert haben.

Nur mäßig beruhigt laufe ich weiter. Die Ranger beobachten sorgfältig die Umgebung, und wir alle halten angespannt nach Spuren Ausschau, bestaunen die tellergroßen Elefantenfußabdrücke und die Hufspuren von Zebras und Gazellen.

Je weiter wir gehen, desto mehr habe ich das Gefühl, dass wir *eindringen* ins Unbekannte, in einen Lebensraum, der nicht unserer ist. »Also die dürfen angreifende Tiere einfach so erschießen?«, frage ich weiter, »weil wir wichtiger sind? Aber wem gehört das Land denn eigentlich, wer war zuerst da?«

Die Frage bleibt unbeantwortet, und ich bemühe mich, die Landschaft, die hundertprozentig aussieht wie in Opas Fotobüchern, optimal zu genießen. Ist es denn nicht wirklich ganz genau so, wie ich es mir immer vorgestellt habe?

Und dann, etwas später, als wir die Umgebung wieder vom Wagen aus beobachten, haben wir die erste Löwensichtung! In einiger Entfernung liegt ein Weibchen träge im Sand, während ein junges Männchen neben ihr versucht, ihre Aufmerksamkeit zu erlangen. Das männliche Tier grollt und faucht, läuft um die Löwin herum und legt sich schließlich neben sie.

»Das ist es! Hier ist Matatas Heimatland!«, sagt Papa voller Ehrfurcht und schießt ein Foto nach dem anderen.

Der Löwe gähnt resigniert.

»Okay ...«, sage ich, dabei spüre ich einen winzigen Stich in der Brust, von dem ich mir nicht sicher bin, ob es vielleicht Enttäuschung ist. War das jetzt etwa der große Moment? Würden diese zwei rumliegenden Löwen in der Ferne der Höhepunkt unserer Reise sein?

»Shhhh, no talking!«, sagt einer der Ranger. *»If the lion comes closer, don't look at him. Never look a lion in the eye!«* Auch hektische Bewegungen sollen wir vermeiden, um uns nicht zu gefährden, und ich finde die Anweisungen beinahe spannender als die Löwen selbst, die da hinten bloß faul und müde im Schatten dösen.

Hauke Eine Safari zu Fuß ist eine besondere Herausforderung für die Sinne. Ich finde es aufregend, den Spuren zu folgen, man muss aufmerksam sein und auf das Wissen der Guides vertrauen. Denn sie sind geschult darin, sich den Tieren in freier Wildbahn ohne den Schutz eines Autos zu nähern. Selbst wenn deren Freiheit hier nicht grenzenlos ist, so ist der Hwange Nationalpark mit seinen 15 000 Quadratkilometern doch einer der größten, außerdem einer der elefantenreichsten Nationalparks Afrikas, der sich noch dazu den Tierschutz zur Aufgabe gemacht hat. Dabei helfen die Betreiber der Imvelo Safari Lodges, die ihre Camps entlang der Nationalparkgrenze auch als Festungen gegen die Wilderei verstehen und die sogar eine Anti-Wilderer-Truppe aus Anwohnern zusammengestellt haben. Auf diese Weise werden die Einheimischen in die Schutzprogramme integriert und erhalten gleichzeitig ordentlich bezahlte Arbeit, ebenso wie jene Dorfbewohner, die auf andere Art und Weise mit Imvelo zusammenarbeiten – wie der alte Bauer, den wir als Nächstes besuchen.

Unsere Ranger führen uns dazu ins Dorf Ngamo, in dem wir gestern den Supermarkt aufgesucht haben, doch nun gehen wir keine leeren Regale durch, sondern lernen Obadiah Zaba kennen, einen Mann in den Sechzigern, der trotz seines Alters energiegeladenen wirkt. Einer der beiden Ranger stellt ihn als seinen Onkel vor und übersetzt für uns aus dem lokalen Ndebele-Dialekt ins Englische.

»Das hier ist eine typische kleine Familiensiedlung«, erklärt uns der drahtige Mann, während er uns strahlend angrinst und sein sauberes pink-weißes Hemd zuknöpft. »Kommt, ich zeig euch alles, was ich habe, alles, was ich brauche«, und wir folgen ihm über seinen Hof, bestaunen die neugeborenen Zicklein, die er uns in den Arm drückt, und streifen durch das kleine Maisfeld hinter den Tierställen. »Die Ziegen geben uns Milch und Fleisch, das Feld hier das Getreide dazu«, sagt Obadiah mit Stolz in der Stimme. Dann führt er uns durch die verschiedenen Häuser seiner Hofstelle und erklärt uns ihre Funktionen. Es gibt ein Vorratsgebäude mit Trockenfleisch und Getreide, ein Haus für die Kinder, eins für die Älteren, eine Hütte mit offenem Feuer, auf dem gekocht wird. Wir setzen uns schließlich in eine runde luftige Hütte mit Bänken, die als Versammlungsstelle dient, um uns zu unterhalten. Es wird klar, wie stolz er auf seinen Neffen ist, der jetzt als Ranger arbeitet und Besucher zu ihm führt.

Bei der darauffolgenden Elefantensafari, die wir wiederum zu Fuß und in unauffällige Braun- und Grüntöne gekleidet unternehmen, wird es dann noch mal so richtig spannend: Eine Gruppe der grauen Riesen marschiert in unmittelbarer Nähe an uns vorbei, und diesmal sind wir nicht im Bunker, sondern kauern ungeschützt in freier Wildbahn. Zum Glück weht der Wind in die richtige Richtung, von den Tieren zu uns herüber, sodass sie uns nicht wittern können. Darauf gilt es stets zu achten, wie wir von unseren Rangern wissen, deren geflüsterte Anweisungen und Handzeichen wir ganz genau befolgen: Wir ducken uns noch ein bisschen tiefer in die Büsche, bleiben dicht zusammen und beobachten mucksmäuschenstill, nahezu reglos ... Und während wir dort hocken und die schnaubende Herde an uns vorüberdonnert, wird mir bewusst, dass unser Leben komplett in den Händen unserer erfahrenen Begleiter liegt.

Das Vertrauen fühlt sich gut an, und nach dem Adrenalinrausch, den die Elefanten bei mir ausgelöst haben, freue ich mich nun erst recht auf den sogenannten Sundowner, das traditionelle Ende eines Safaritages: Auf der Motorhaube des Geländewagens werden Appetizer und Cocktails serviert, die ich glücklich genieße, während ich eine Herde Wasserbüffel beobachte, die vor der untergehenden Sonne am Horizont entlangzieht.

Molin

Ich bin echt total beeindruckt von unseren Rangern. Wie cool die auch in den kritischsten Situationen bleiben! Was die alles können und wissen, und dabei sind sie doch kaum älter als ich.

Trotzdem wissen sie über sämtliche Tiere und Pflanzen hier ganz genau Bescheid, und zum Glück erklären sie auch alles, und zwar sehr ausführlich, unterhaltsam und auch ziemlich spannend. Am allerspannendsten finde ich, dass so junge Leute schon ihren Beruf, ihre Bestimmung gefunden haben und dass sie so gut in dem sind, was sie tun. Davon bin ich noch Lichtjahre entfernt ...

Ich merke, wie sich mein Interesse mehr und mehr von den Tieren weg und zu unseren Begleitern hin verlagert. Obwohl wir am zweiten Safaritag außer Elefanten bereits Zebras, Gnus und sogar Giraffen gesehen haben, deren schiere Größe mir echt imponiert, konzentriere ich mich vor allem auf unseren Ranger Pete – zumindest bis zu dem Moment, in dem Pete plötzlich aufhört zu reden, mit geweiteten Augen an mir vorbeiguckt, langsam die Hand hebt und den Zeigefinger an seine Lippen legt.

Was ist denn jetzt los?

Er kann eben einfach superspannend erzählen, denke ich, während ich ihn ansehe und abwarte, was er als Nächstes sagen wird. Doch er sagt nichts, und als ich gerade fragen will, schüttelt er nur ganz leicht den Kopf und nickt in die Richtung hinter mir. Und als ich mich ganz langsam umdrehe, sehe ich, dass Papa schon wieder seine Kamera im Anschlag hat – und dann sehe ich *sie*: eine Löwin, ganz nah, nur ein paar Meter von unserem Land Rover entfernt.

Was zur Hölle ... Mann, ist das krass!

Jetzt höre ich aus der anderen Richtung das unverkennbare *Groarrr* eines männlichen Löwen, und wie es aussieht, steht unser Wagen genau zwischen den beiden Tieren. Ich halte den Atem an, als die Löwin einen Schritt auf uns zu macht. Ohne den Kopf zu bewegen, schiele ich zu Papa auf dem Nebensitz hinüber und sehe, dass ihm Schweißperlen auf der Stirn stehen. Dann sehe ich wieder zur Löwin, die inzwischen noch ein Stück näher gekommen ist.

»*Don't look!*«, zischt Pete tonlos, und ich spüre seine Anspannung, aber wie hypnotisiert starre ich das Tier an, das so nah und so viel größer ist, als ich es mir vorgestellt habe.

Einen unendlich langen Moment steht sie da, mit hoch erhobenem Kopf, und wir sehen uns in die Augen, und die Zeit scheint für diesen Moment stillzustehen. Ich kann meinen Blick einfach nicht abwenden, trotz Petes Warnung, und mir fällt auf, dass die honiggelben Augen der Löwin überhaupt nicht aussehen wie die Katzenaugen, die ich kenne: Ihre kleinen Pupillen sind kugelrund!

»*Groarrr*«, hört man dann wieder den Löwen in der Ferne brüllen, und die Löwin zuckt mit den Ohren, schüttelt sich einmal und trottet dann an unserem offenen Auto vorbei, dem Gebrüll ihres Partners entgegen. Erst als sie außer Sicht ist, wage ich es auszuatmen, und ich habe so lange keine Luft geholt, dass mir ganz schwindelig ist.

»*That was close!*«, sagt Pete, und selbst er gibt einen lauten Seufzer der Erleichterung von sich, woran ich erkenne, dass es keine alltägliche Situation war, in die wir da hineingeraten sind.

Auf dem Weg zurück zur Lodge erzählt uns Pete dann entspannt und ausgelassen von den Löwen im Park. Mit klangvoller Stimme und ausschweifenden Handbewegungen berichtet er, dass viele Dorfbewohner die Tiere seit jeher fürchten und auch hassen, weil sie ihre Ziegen und Schafe reißen und generell eine Gefahr darstellen. Doch Petes Großvater, der ebenfalls Wildhüter war, nahm seinen Enkel immer wieder mit auf die Pirsch, brachte ihm dabei alles über die Tierwelt bei und zeigte ihm über die Jahre, wie wunderbar und wichtig sie ist und dass man sie beschützen muss. Und deshalb ist auch Pete dann Ranger geworden. Er will dieses Wissen, das seit Generationen in seiner Familie liegt, weitergeben, was ich beeindruckend und wunderschön finde.

Am Nachmittag veranstaltet Papa für Pete und einige andere Ranger einen Foto-Workshop und zeigt und erklärt ihnen, wie man die besten Tierfotos hinbekommt. Ziel ist, dass sie die Anleitung an ihre Safarigäste weitergeben können, damit diese mit den bestmöglichen Bildern nach Hause zurückkehren: Das war Teil unseres Deals mit Imvelo, der uns die ganzen Safaris ja überhaupt erst ermöglichte. Und während Papa der versammelten Rangertruppe unter einem schattigen Baum Perspektive und Kameratechnik erklärt, höre ich zu und mache mit, denn ich will schließlich auch noch was übers Fotografieren lernen. Gleichzeitig will ich mich unbedingt weiter mit Pete unterhalten, denn unsere beginnende Freundschaft gefällt mir, und am Ende des Tages haben wir tatsächlich länger miteinander geredet als Tiere geguckt.

Obwohl sich uns auch an diesem Abend wieder ein spektakuläres Sonnenuntergangspanorama mit grasenden Tieren am Horizont, einer Pavianherde ganz in der Nähe und noch mehr Elefanten bietet, kann ich nun klar für mich behaupten, dass das Coolste hier weder die Tiere noch die Sonnenuntergänge sind, sondern das Zusammensein mit den Rangern.

Hauke Während unserer Woche im Hwange Nationalpark sind wir in drei verschiedenen Lodges untergebracht, und heute, am 21. März, machen wir uns auf den Weg zur zweiten Station, einem abgelegenen Camp inmitten des riesigen Parks. Beinahe einen ganzen Tag lang fahren wir Richtung Westen, in unserem eigenen Wagen diesmal, aber mit Pete als unserem Begleiter, denn ohne Ranger darf innerhalb des umzäunten Gebietes niemand unterwegs sein.

Ich freue mich, dass Pete bei uns ist, denn ich spüre, dass er und Molin sich sehr gut verstehen – ich finde es wunderbar, wie meine Tochter einen Zugang zu diesem Land erfährt durch diesen jungen Mann, einen Menschen ihrer Generation. Und während wir einmal mehr über sandige Steppenwege holpern, realisiere ich, dass sich der Schwerpunkt unserer Reise nun sichtlich gewandelt hat – mittlerweile sind die Menschen, die Begegnungen und auch schon Freundschaften das Wichtigste geworden.

Kurz nach Mittag legen wir einen Zwischenstopp ein, um das im Busch versteckte Zeltcamp von Wilderei-Gegnern zu besuchen. The Cobras nennt sich diese neu gegründete Anti-Poaching-Unit von Imvelo, die auch hier aus den Bewohnern umliegender Dörfer besteht und es sich zur Hauptaufgabe gemacht hat, die zahlreich ausgelegten Fallen der Wilderer aus dem Verkehr zu ziehen.

Die jungen Männer, die einheitlich in Beige uniformiert sind, zeigen uns ihr Camp und demonstrieren ihren Alltag, der vorwiegend aus Körpertraining besteht, und zuletzt führen sie uns voller Stolz zu einem drei Meter hohen Holzpfahl in der Mitte des Camps, auf dem Hunderte von Drahtfallen wie Wurfringe übereinandergestapelt sind. Es sind jene Fanggeräte, die in der Wildnis auf dem Boden ausliegen, bis eine Antilope oder ein Warzenschwein hineintritt oder, schlimmer noch, mit dem Hals hineingerät und dann durch den Fangmechanismus entweder in die Luft gehievt oder an einen Baum gefesselt endet. Die vielen Fallen auf dem Pfahl haben die Männer in nur wenigen Wochen in der umliegenden Wildnis gefunden und gesichert, wobei das Einsammeln höchst gefährlich ist – wenn man nämlich selbst in die Falle gerät.

Mir ist außerdem aufgefallen, dass die »Cobras« im Gegensatz zu den Rangern keine Gewehre zu ihrer Verteidigung tragen, sondern lediglich Schlagstöcke, und auf meine Nachfrage erfahre ich, dass die Männer, die ja gewöhnliche Dorfbewohner sind, keine Waffen tragen dürfen und dass die Wilderer in der Regel auch nicht bewaffnet sind.

Nach unserem Besuch bei den »Cobras« fahren wir weiter zum Josibanini Camp, einer Ansammlung von Zelten auf Holzgerüsten, von denen eines unsere nächste Schlafstätte ist. 120 Kilometer legen wir bis dorthin zurück über die uns inzwischen so vertrauten Sandpfade, allerdings verirren wir uns kein einziges Mal, da wir Pete bei uns haben, der uns mit seinem untrüglichen Orientierungssinn sicher durchs weite Land geleitet.

Die Hitze ist inzwischen beinahe unerträglich geworden, die trockene Luft knistert und flirrt, und die Savanne riecht nach heißem Sand und sengendem Steppengras, so intensiv, dass es mir in der Nase sticht. Man merkt, dass die in Botswana liegende Kalahari-Wüste nicht mehr weit entfernt ist, und als wir schließlich gegen Ende des Tages die Zeltlodge erreichen, sind wir fix und fertig und klebrig vor Schweiß, trotz der Klimaanlage in unserem Auto.

Wir befinden uns nun buchstäblich irgendwo im Nirgendwo, vollkommen einsam und abgelegen im nordwestlichsten Zipfel von Simbabwe, gerade einmal fünfzig Kilometer von der botswanischen Grenze entfernt, und als wir uns dem ersten Stelzenzelt nähern, überwältigt mich das Gefühl, endlich angekommen zu sein nach ewig langer Fahrt: Wir sind da! Und als wir kurze Zeit später auf der Terrasse des Hauptzeltes stehen und den Blick über das grasige Flachland samt Wasserloch und dichtem Busch dahinter schweifen lassen, spüre ich eine tiefe Zufriedenheit: Das ist das Afrika, nach dem ich mich gesehnt habe! Jetzt fühle ich mich am Ziel!

Bei Einbruch der Dämmerung führt Pete uns dann zu unserem eigenen Zelt, das etwas abgelegen mitten im Busch liegt, und wirklich: Mehr Wildnis geht nicht. Einsamkeit und Dunkelheit scheinen absolut, wären da nicht die nächtlichen Buschgeräusche – Knacken, Knistern, Fauchen, Zischen – und die leuchtenden Augenpaare jenseits des Taschenlampenkegels, die mich daran erinnern, dass wir nicht allein sind. Dieser Tatsache ist es auch zu verdanken, dass jeder unserer Schritte eskortiert wird. Selbst auf dem Weg zum Frühstück, das an einer offenen Feuerstelle auf uns wartet, werden wir von bewaffneten Rangern begleitet – nur für den Fall, dass ein hungriges Raubtier ebenso auf Frühstückssuche ist wie wir.

Hier im Josibanini Camp lassen wir es uns nun für ein paar Tage gut gehen und genießen es einfach, an diesem abgelegenen Fleck zu sein, ohne viel zu tun. Dabei erfreuen wir uns diesmal eher an den kleinen als an den großen Tieren – wir entdecken und beobachten Chamäleons, Schildkröten und sogar handtellergroße Skorpione, die die Ranger für uns mit bloßen Händen aus ihren Höhlen buddeln. Abends sitzen wir dann am Lagerfeuer, über uns das Universum und die Milchstraße, die wie Silberstaub am Himmel funkelt, und wir grillen und reden bis spät in die Nacht. Den Holzfeuergeruch in der Nase, die tanzenden Flammen vor unseren Augen, während die Feuerfunken hoch hinauf und zu den Sternen fliegen, ist es Bilderbuchromantik pur und für mich das ultimative Gefühl von Freiheit und Abenteuer.

Drei Tage später, am 24. März, machen wir uns schließlich auf den Weg zu unserem letzten Stopp im Hwange Nationalpark, der Nehimba Lodge, die in starkem Kontrast zum Josibanini-Zeltcamp steht: Hier werden wir in einem soliden, geradezu luxuriösen Holzbungalow einquartiert, und neben dem nahe gelegenen Wasserloch für Tiere gibt es sogar einen Swimmingpool für uns menschliche Gäste. Und weil sämtliche Elefanten der Umgebung das frische saubere Wasser des Pools ihrer sandigen Wasserstelle vorziehen, herrscht schon am frühen Abend Hochbetrieb um unser nun völlig zweckentfremdetes Schwimmbad: Große und kleine, alte und junge Elefanten drängeln sich am Beckenrand, während wir das Spektakel aus sicherer Entfernung vom Zimmerfenster aus beobachten. Zum Glück ist unser Haus mit einem Elektrozaun umspannt, sodass die Tiere nicht näher an uns herankommen.

»Hoffentlich fällt keiner von ihnen rein«, sagt Molin besorgt und kann ihre Augen kaum vom Pool abwenden.

»Ich glaube, die sind daran gewöhnt, die wissen, wie das geht«, entgegne ich. »Genau wie wir ...«

Dann fasse ich mir mit der rechten Hand an die Nase und lasse meinen linken Arm durch den rechten baumeln, so wie wir es als Kinder taten, wenn wir »Elefant« spielten. Und während die echten Elefanten draußen am Pool ihre Rüssel heben und tuten und trompeten, was das Zeug hält, tue ich es ihnen am Lodgefenster gleich: Hoch den Arm und durch die Nase posaunt, *»Tüüüüüt-paaarüüüt«*, und meine Tochter stimmt ein, macht mit beim Spiel, und für einen kleinen Moment lang sind wir beide wieder Kinder.

In der Nehimba Lodge werden wir zum Abschluss unserer Safariwoche noch einmal so richtig verwöhnt, wir genießen das feine Essen, das hierherzutransportieren sicher ein Vermögen kostet, und freuen uns über die komfortablen Betten und das Löwengebrüll, das wir nachts nur aus der Ferne hören. Es ist ein gutes Gefühl, diesen Klängen nun ganz entspannt und vom sicheren Schlafzimmer aus zuzuhören. Und dennoch freue ich mich schon wieder auf unser Dachzelt.

Am letzten Tag unternehmen wir dann noch eine Abschieds-Safari zu Fuß – die sich allerdings dramatischer gestaltet als erwartet, denn während wir gerade spurenlesend ums Wasserloch herumpirschen, herrscht plötzlich Raubkatzen-Alarm! An der Anspannung und Nervosität unserer Ranger merken wir, wie ernst die Lage ist, anscheinend gab es gerade eben in unmittelbarer Nähe eine Sichtung, und die entsprechende Warnung tönt nun ununterbrochen aus den Walkie-Talkies unserer Begleiter – während wir völlig ungeschützt und meilenweit von Lodge oder Auto entfernt sind.

»Ducken, ducken, auf den Boden, ins Gebüsch!«, befehlen die Ranger mit leise drängenden Stimmen. Das darf doch jetzt nicht wahr sein!

Natürlich folgen wir den Anweisungen, doch alle meine Instinkte schalten auf »Gefahr«: Ich schaue mich nach Bäumen um, mache mich bereit, hochzuklettern oder zu fliehen, und frage mich gleichzeitig, ob das hier wirklich sein muss. Aber spannender als ein Kinofilm ist es allemal. Jedes Rascheln, jeder knackende Stock lässt mir die Haare zu Berge stehen, und intuitiv ziehe ich Molin näher zu mir heran, um sie zu schützen.

Nach einer nervenaufreibenden halben Stunde gibt es dann endlich Entwarnung, und als wir unsere Spurensuche mit zittrigen Knien fortsetzen, findet Molin nur eine Minute später eine frische Löwenspur im feuchten Sand – der gewaltige Tatzenabdruck ist größer als ihre gesamte Hand!

»Okay, das war jetzt echt drastischer als alles, was wir bisher erlebt haben!«, sagt meine Tochter und wischt sich den Schweiß von der Stirn.

»Ja. Und auch gefährlicher, würde ich sagen …« Plötzlich fühle ich mich übervoll mit Wildnisabenteuern und sehe unseren nächsten Reiseetappen, die uns zurück in die Zivilisation führen werden, mit einem Gefühl der Erleichterung entgegen.

Gleich am nächsten Morgen machen wir uns auf den Weg gen Norden, in Richtung der Victoriafälle an Sambias Grenze unweit des Dreiländerecks zwischen Simbabwe, Sambia und Botswana. Wir nehmen Ranger Pete noch ein Stück mit, bis wir die Grenze des Hwange Parks überquert haben, und verabschieden uns schweren Herzens von ihm, als wir unser nächstes Ziel erreichen: die Sambesi Sands Lodge, die im Sambesi Nationalpark am gleichnamigen Fluss oberhalb der Wasserfälle liegt. Von hier aus unternehmen wir am Nachmittag eine Rafting-Tour in aufblasbaren Gummikanus – jeder im eigenen Boot mit eigenem Guide –, was ein ziemlicher Nervenkitzel ist. Das Wasser strömt hier schon ganz schön schnell, und das Gleichgewicht in den tanzenden Booten zu halten, erfordert einiges Geschick. Mehr als einmal gucken Molin und ich uns über die schäumenden Wellen hinweg mehr konzentriert als fasziniert an, und ich bin froh, dass wir beide Schwimmwesten tragen.

Zügig treiben wir flussabwärts, umschiffen dabei Steine, Strudel und Stromschnellen und werden trotzdem nass, als plötzlich zwei graue Berge vor uns im Wasser auftauchen: Flusspferde, wie uns unsere Guides zurufen, und ich muss nach Luft schnappen. Dass wir den gefährlichen Tieren doch noch so nahe kommen würden, hätte ich nicht im Traum gedacht – und auch nicht unbedingt gehofft. Doch anders als in Kosi Bay haben die Guides hier Erfahrung mit den Dickhäutern, und so lenken sie unsere Boote geschickt und mit sicherem Abstand um die beiden Kolosse herum. Ich gucke und staune und will gerade erleichtert ausatmen, mich entspannt im Boot zurücklehnen, als wir die Tiere hinter uns lassen, da passiert es: Eines von ihnen erhebt sich aus dem Wasser – massig, glänzend, tropfenstiebend – und reißt das Maul auf, keine zwanzig Meter von uns entfernt! Die Kiefer sind gewaltig, die Stoßzähne riesig, und während das Brüllen noch wie die ultimative Drohung in meinen Ohren klingt, bin ich so froh über eine schnelle Strömung wie noch nie zuvor in meinem Leben.

Nach dieser unerwartet aufregenden Tour kehren wir schließlich vom Fluss und aus dem menschenleeren Park in besiedeltes Gebiet zurück, und es kommt mir vor wie ein Kulturschock, als wir abtauchen in den nächsten Kontrast, der größer kaum sein könnte: Die spektakulären, über hundert Meter hohen Wasserfälle sind nicht nur eine grandiose und erstaunlich fruchtbare Oase mitten im trockenen Afrika, sie sind auch eine gigantische Touristenattraktion, und dementsprechend voll und überlaufen ist es hier – es gibt sogar einen eigenen Victoria-Falls-Flughafen, neben dem modernsten und größten Supermarkt des Landes.

Gänzlich unvermittelt finden wir uns in einer Touristenmetropole ohnegleichen wieder, an einem beinahe surrealen Ort, der von Kolonialnostalgie und Abenteuertourismus beherrscht wird und dabei künstlich, konstruiert und unecht wie ein Vergnügungspark wirkt.

»Ich hab so viel über diesen Wasserfall gehört ... aber jetzt ... ich weiß nicht recht ...«, schreit Molin über die tosenden Wassermassen hinweg, als wir direkt oben im hohen Gras am Rand der Fälle stehen, über die sich ein perfekter Regenbogen spannt.

»Die Fälle sind toll. Das Drumherum vielleicht nicht so ...«, rufe ich zurück, und mein Blick folgt dem tosenden Wasser, das sich kaskadenartig in die sagenhaften Abgründe stürzt, während ich die Gischt auf meinem Gesicht spüre und die kühlen Spritzer süß und gleichzeitig etwas bitter auf der Zunge spüre.

Kapitel 7

Goldgräberstimmung

29. bis 31. März 2019,
Simbabwe/Kwekwe und Kadoma

Molin Wir bleiben für ein paar Tage in dieser überteuerten Touristenoase und freuen uns zunehmend auf unsere Weiterreise, die uns nach Osten in Richtung Simbabwes Hauptstadt Harare führen wird. Am 29. März verlassen wir Victoria Falls, lassen Wasser- und Menschenmassen hinter uns, und ein bisschen kommt mir die nun folgende etwas langweilige Fahrt durch leeres und unspektakuläres Gelände wie eine Wohltat vor. Und weil die Straße so gerade und flach ist und das Brummen des Autos so gleichmäßig, schließe ich nach einer Weile die Augen und beginne zu träumen ...

Als ich aufwache, steht unser Wagen an einer dörflichen Straßenkreuzung, Papa ist weg, und als ich auf mein Handy schaue, sehe ich, dass ich fast drei Stunden geschlafen habe. Ich habe keine Ahnung, wo wir sind und warum wir hier stehen, und warum Papa einfach verschwunden ist, weiß ich erst recht nicht. Ich setze mich auf und rutsche nervös auf meinem Sitz hin und her, als plötzlich mit ohrenbetäubendem Lärm die Alarmanlage unseres Wagens losgeht: *Tüüüt-tüüüt-tüüüt,* dröhnt es durch die Gegend, dazu beginnen die Scheinwerfer zu blinken, an, aus, an, aus, und alle Leute auf der Straße und in der Umgebung drehen sich in meine Richtung und starren mich an.

Oh Junge! Was ist hier los??

Dann geht mir ein Licht auf: Papa hat das Auto von außen abgeschlossen, daher wird bei jeder Bewegung – auch bei meiner – der Alarm ausgelöst.

Was zur Hölle mach ich denn jetzt?

Panisch umkralle ich mein Handy und drücke hektisch darauf herum, als könnte ich es so zum Funktionieren bringen – aber es hilft nichts: Ich habe hier keinen Empfang und kann Papa nicht anrufen. Wo zum Teufel ist er nur? Hört er denn den Alarm nicht? Wieso kommt er nicht angerannt? Es gibt hier wirklich kein einziges anderes Auto, das einen solchen Lärm machen könnte, und blöderweise habe ich nicht die geringste Ahnung, wie ich ihn wieder abstellen kann. Einfach aussteigen und abhauen geht aber auch nicht, denn dann wüssten schließlich alle, dass das Auto offen und unbewacht ist. Ich bin verzweifelt, ratlos und könnte einfach nur heulen, und als ich dann immer mehr neugierige Blicke auf mir spüre und weitere Leute stehen bleiben, da halte ich es nicht mehr aus, öffne die Tür und flüchte.

Nicht weit entfernt vom Wagen, den ich im Blick behalte, stoße ich auf einen kleinen Supermarkt – und als ich einen schnellen Blick durchs Fenster hineinwerfe, traue ich meinen Augen kaum: Da drin steht Papa in aller Seelenruhe in der Warteschlange an der Kasse, als wäre nichts geschehen, obwohl er doch garantiert den Alarm hört!

»Papa! Wieso kommst du nicht? Wieso gehst du überhaupt erst und lässt mich da draußen allein?«, schnauze ich wütend durch die Ladentür, die ich einen Spaltbreit öffne, gerade so weit, dass Papa mich hören kann.

»Du hast so schön geschlafen«, ruft er zurück, »ich wollte dich nicht wecken.«

»Mann, hörst du denn den Alarm nicht? Das ist unser Auto, und alle Leute gucken schon!«

Das scheint Papa überhaupt nicht zu beeindrucken, total gelassen bezahlt er seine Einkäufe, und ich nehme derweil wahr, dass auch dieser Supermarkt wieder extrem sparsam ausgestattet ist. Wie schon zuvor in den simbabwischen Läden gibt es nur ein paar Basissachen, abgepackte trockene Lebensmittel, Öl, Brot in Tüten, nicht viel mehr – es ist ein Unterschied wie Tag und Nacht zum Touristenmekka Victoria Falls!

»Ich musste mal anhalten nach der eintönigen Fahrt«, sagt Papa, als er schließlich aus dem Laden kommt und wir zusammen zum Auto gehen, das er inzwischen per Fernbedienung zum Schweigen gebracht hat. »Wollte mir die Füße vertreten, was einkaufen und auch mal wieder Leute treffen ...«

»Verstehe.«

»... Kontakt zu Einheimischen haben, nach all den Touristen.«

»Mhm.«

»Guck, wie die Kids dort drüben!« Papa geht schneller, läuft an unserem Auto vorbei und über die Straße zu einem klapprigen Ford Transit, aus dessen geöffnetem Fenster ihm mehrere Kinder zuwinken. Papa winkt glücklich grinsend zurück und begrüßt den Fahrer des Gefährts, das offensichtlich ein Schulbus ist. Auch ich schaue hinein, und meine Laune bessert sich: Der Bus ist rappelvoll mit Kindern, sechs oder sieben Jahre alt vielleicht, und sie alle versuchen, ihre Hände und Köpfe aus dem Fenster zu recken, um meine langen glatten Haare zu befühlen. Auch meine Zahnspange finden die Kids anscheinend spannend, ständig zeigen sie darauf, und ihr Interesse und ihre Freude sind so ansteckend, dass ich grinsen muss.

Papa macht natürlich wieder jede Menge Fotos und will dann noch weiter durchs Dorf ziehen, und nachdem wir uns von den Kindern verabschiedet haben, fragt er eine junge Frau, die in einem kleinen Restaurant auf der anderen Straßenseite sitzt, ob er ein paar Bilder von ihr machen darf. Sie nickt und freut sich, doch dann will sie auf einmal noch weitere Fotos für ihren Social Media Account haben, und zwar mit mir, ganz dicht an ihrer Seite, und das nervt mich jetzt, denn sie will mich für die Fotos umarmen und küssen, was mir entschieden zu viel Nähe ist – immerhin kenn ich sie doch gar nicht. Mensch Papa! Musstest du mich in diese Situation bringen?

Hauke Okay, ich habe mit dem Fotografieren angefangen, und vielleicht ist es dann etwas zu weit gegangen. Aber das weiß man ja vorher nicht unbedingt. Jetzt jedenfalls verlassen wir das Örtchen Lupane, das eigentlich kaum mehr als eine größere Straßenkreuzung ist, und fahren weiter nach Osten – inzwischen nicht mehr auf geraden, glatten Asphaltstraßen, sondern wiederum auf den sandig-buckeligen Wellblechpisten, die so unangenehm zu befahren sind. Wir befinden uns im Nkayi-Distrikt im Nordmatabeleland, gerade mal auf halbem Wege nach Kwekwe – jener Ort, den wir eigentlich heute noch erreichen wollten –, als es zu dämmern beginnt. Und eine Stunde später fahren wir durch tiefste Dunkelheit. Verdammt! Wir haben uns in Lupane mit der Zeit verkalkuliert. Jetzt sind wir hier mitten im Nichts und haben keinen Schlafplatz.

Unruhe macht sich in mir breit, vor allem, als ich ein komisches Geräusch vernehme. *Chrrrrrr* ... Was zur Hölle ist das? Im Dunklen klingt jeder Ton noch einmal fremder, und in keinem Fall beruhigt mich das Ortsschild, das wir nun passieren: »LEOPARD« steht darauf! Könnte das Geräusch das Grollen einer Raubkatze sein? Eigentlich nicht. Oder doch? Ich weiß es nicht.

»Lass uns bloß hoffen, dass der Name da kein Omen ist!«, sage ich nervös, und ich merke schon, wie die wildesten Assoziationen durch meinen Kopf springen und die Fantasie mit mir durchgeht. Schatten huschen am Straßenrand aus unserem Scheinwerferkegel, etwas Dunkles schwebt über uns hinweg, aber wahrscheinlich bilde ich mir das Gebrüll nur ein.

»Was war denn das für ein Geräusch?«, fragt Molin nun, während sie sich neben mir nach vorne beugt, angespannt und bemüht, in der Dunkelheit irgendetwas zu erkennen.

»Keine Ahnung. Die Wellblechpiste wahrscheinlich. Die ist hier wieder mal extrem. Hoffentlich gibt unser Fahrwerk nicht auf. Vielleicht war es aber auch nur der Wind oder so was ...« Dass ich mit dem Geräusch ein wildes Tier assoziiert habe, erwähne ich nicht.

Langsam fahren wir weiter und rücken dabei instinktiv näher zusammen, als könnten wir uns auf diese Weise, mit vereinten Kräften, der Finsternis und jeder Gefahr entgegenstemmen. Wir atmen hörbar und im Chor auf, als das weißblaue Hinweisschild in unserem Scheinwerferlicht aufblitzt: »Zwelabo Secondary School« klingt wesentlich besser als »Leopard«, und wir sind heilfroh, dass wir in dieser Einöde etwas so Vertrauenerweckendes wie eine Schule vorfinden. Und wir werden nicht enttäuscht, als wir das Schulgelände erreichen, werden mit offenen Armen empfangen, dürfen auf dem Sportplatz übernachten und werden sogar zu einem Abendgottesdienst eingeladen, den wir mit etwa hundert Kindern in einem düsteren Klassenraum gemeinsam feiern. Obwohl uns die Veranstaltung an eine Schulstunde erinnert, packen und faszinieren mich die Gebete wie auch der Gesang absolut – dabei bin ich überhaupt nicht gläubig.

»Hier ist fast nichts – und gleichzeitig alles!«, wispere ich Molin zu, als wir ehrfürchtig lauschen.

»Es ist das Schönste, was ich je in meinem Leben gehört habe!«, flüstert sie zurück, dabei bricht ihre Stimme – und ich glaube, wir fühlen beide dasselbe. Unerwartet haben wir so viel gefunden, genau das liebe ich am Reisen!

Am nächsten Morgen holen wir Wasser am Schulbrunnen, der sich im sandigen Innenhof des Geländes befindet. Mithilfe einer einfachen Holzkonstruktion bedienen wir den Eimer, und während wir noch schöpfen, versammelt sich eine immer größer werdende Kinderschar um uns: Fröhlich begrüßen uns die Mädchen und Jungen des Internats in ihren blau-weißen Schuluniformen, sie sind neugierig und interessiert, und auch hier sind Molins Haare wieder der Hit. Die Mädchen stellen sich neben meine Tochter, legen deren lange Strähnen über ihre eigenen Köpfe und tun so, als wäre das ihre Frisur, was alle mit sichtlicher Begeisterung erfüllt.

Danach dürfen wir am Unterricht teilnehmen, und wir treten noch einmal ein in die einfachen Räume, in denen der Zauber des vergangenen Abends mittlerweile verflogen ist. Im Tageslicht wirkt es hier sehr nüchtern, und man sieht, wie heruntergekommen alles ist: Tische und Stühle aus verbeultem Blech und altem Holz stehen vor Wänden voller Risse und auf Böden, in denen große Spalten klaffen. An zwei Seiten des Raumes sind überdimensionale Schiefertafeln mit ausgefransten Rändern montiert, an den übrigen Wänden hängen mit Kuli und Bleistift gezeichnete Stunden- und Dienstpläne. Der Kontrast, in dem dieses kaputte, improvisierte Ambiente ohne Strom und fließend Wasser zu den gut ausgebildeten Kindern steht, verschlägt mir schier die Sprache!

Auch am Morgen wird gesungen, diesmal bestens ausgeleuchtet und in anderer Stimmung, dennoch klingt der Gesang wieder wie ein melodiöser Dialog, beinahe wie eine gesungene Unterhaltung, und auf meine Nachfrage erklärt der Lehrer, dass es neben Englisch die hiesige Stammessprache Nord-Ndebele ist, in der die Kinder singen. Dass die Jungen und Mädchen trotz der Armut des Landes so gebildet sind und dass es überall gute Schulen gibt, hatte ich schon auf meiner letzten Afrikareise erlebt und ist übrigens den britischen Kolonialisten zu verdanken: Simbabwes Schulsystem ist nach englischem Vorbild aufgebaut und ein Überbleibsel der Kolonialzeit.

Molin Die Tür und die Gastfreundschaft, die sich hier völlig unerwartet aufgetan haben, hauen mich um. In einer Schule! Ich war ja selbst bis vor Kurzem noch Schülerin und dachte, ich würde mich in einer Schule noch immer oder gleich wieder ein bisschen zu Hause fühlen ... aber jetzt fehlen mir die Worte, so vertraut und gleichzeitig absolut fremd kommt mir alles vor!

Der zauberhafte Gesang vom Vorabend klingt immer noch in meinem Kopf nach, als wir vor unserem Auto unseren Frühstückskaffee trinken, und es bewegt mich kolossal, wie uns die Menschen aus einer Situation vollkommener Ungewissheit, inmitten dieser Einöde und mitten in der Nacht so freundlich willkommen geheißen und aufgenommen haben. Obwohl wir Fremde waren, wurden wir sofort integriert – das ist etwas, was ich von zu Hause nicht kenne.

Mindestens ebenso erstaunlich finde ich allerdings die Tatsache, dass wir in dieser Gegend, in der es höchstens ein paar Lehmhütten und kleine Dörfer gibt, so gebildete Jungen und Mädchen antreffen: Als wir morgens noch einmal ins Klassenzimmer eingeladen werden, um am Unterricht teilzunehmen, bin ich schwer beeindruckt vom Wissen der Kinder, von ihrer Disziplin und ihrer Lernbegierde, trotz aller äußeren Umstände. Der Begriff »Schule« bekommt hier für mich noch einmal eine ganz neue Bedeutung, und ich denke, dass ich mir das Motto merken und sorgfältig im Gedächtnis bewahren werde: »*Let us remember: One book, one pen, one child and one teacher can change the world.*«

Kurz darauf sind wir wieder unterwegs, auf der Straße nach Kwekwe, unserem eigentlichen Zwischenziel. Wir haben vor, in der Provinzstadt einzukaufen, und als wir kurz nach Mittag dort eintreffen, entscheiden wir uns, erst mal in einem kleinen Imbiss-Restaurant zu Mittag zu essen.

Wir haben es uns gerade an einem Fenstertisch gemütlich gemacht und studieren die Speisekarte, als ich aus dem Augenwinkel einen Tumult auf der Straße wahrnehme: Auf der gegenüberliegenden Straßenseite sammelt sich eine immer größer werdende Menschenmenge, und ich kann gerade so erkennen, dass die Leute eine schwarze Limousine umringen, die im Schritttempo fährt und schließlich stoppt. Gleichzeitig rücken immer mehr Polizeifahrzeuge an, auch Militär ist vor Ort, und mehrere bewaffnete Soldaten versuchen, die Menschen von der Limousine und der Eskorte fernzuhalten. Dann steigt ein Mann aus dem luxuriösen Wagen, und mir fällt auf, wie die schwer bewaffneten Soldaten ihn umringen, ihn beschützen, sich zwischen ihn und die Menge stellen, während er in der dahinterliegenden Shoppingmall verschwindet.

Wir essen schnell auf und verlassen den Imbiss, und Papa muss auf der Straße natürlich sofort jemanden fragen, was da los ist und wer der Mann war.

»Our president! Emmerson Mnangagwa! The president of Zimbabwe!«, entgegnet ein Passant, dabei guckt er uns an, als lebten wir hinterm Mond.

»Wow, really!«, nickt Papa. *»What is he doing here?«*

Geduldig erklärt der Fußgänger uns, dass dies Mnangagwas Heimatstadt ist und er heute hier das Einkaufszentrum einweiht.

Echt jetzt? Ich fasse es kaum: Genau in dem Moment, in dem wir zufällig in diesem Kaff sind, kommt der Präsident des Landes vorbei? Das gibt's doch nicht!

»Das Krokodil!«, sagt Papa jetzt, ganz leise, und als ich ihn fragend anschaue, erklärt er mir: »Das ist sein Spitzname, der daher kommt, dass er sinnbildlich seine Feinde gefressen haben soll. Er ist während der Diktatur Mugabes rechte Hand gewesen, und na ja, dementsprechend hat er nicht nur politische Freunde. Du siehst, was hier für ein Aufgebot herrscht, um ihn zu schützen ...«

»Ja. Gruselig!« Was anderes fällt mir nicht ein.

»Du merkst, wie politisch aufgeladen das ist, selbst hier, in diesem kleinen Ort auf dieser kleinen Straße.«

»Mhm.«

Papa hat recht. Als der Präsident die Mall nach einer Weile wieder verlässt, sehe ich sowohl jubelnde Menschen als auch solche, die mit erhobenen Fäusten protestieren. Laute Rufe und Parolen dringen an mein Ohr, und ich kann nicht einmal sagen, ob sie pro oder kontra sind. Manche Leute scheinen wütend zu sein, andere tragen T-Shirts mit dem Bild des Präsidenten, und man kann nicht erkennen, wer zu wem gehört. Die ganze Situation wirkt unheimlich und beängstigend, und eigentlich will ich jetzt am liebsten schnell zum Auto und weiterfahren, um auf keinen Fall zwischen diese politischen Lager zu geraten.

»Hier sieht man ein bisschen was von der Zerrissenheit des Landes«, sagt Papa, als wir wieder im Auto sitzen. »Es gibt Leute, die unterstützen die Regierung, aber viele sind gegen sie und die Völker untereinander sind zum Teil auch noch zerstritten.«

»Welche Völker?«

»Die Ndebele, in deren Gebiet, dem Matabeleland, wir in den vergangenen Tagen unterwegs waren. Und die Shona, die vor allem im Norden und Osten Simbabwes leben und mit etwa siebzig Prozent den größten Teil der Bevölkerung ausmachen.«

Ich beobachte, wie die Limousine des Präsidenten samt Eskorte langsam davonfährt, südwärts, während wir uns auf den Weg nach Norden machen – worüber ich für einen Moment erleichtert bin.

Eine Stunde später erreichen wir das Bergbaustädtchen Kadoma, das nur noch knapp 150 Kilometer von Harare entfernt liegt. Hier bemerken wir wieder die endlos langen Autoschlangen an den Tankstellen, die wir schon in vielen anderen Orten im Land beobachtet haben – wir fahren jedoch erst mal nicht weiter Richtung Hauptstadt, da wir in Kadoma mit einem Goldsucher namens Thomas verabredet sind. Er stammt aus der Schweiz, und Papa hat den Kontakt zu ihm über einen Journalistenfreund hergestellt. Wir wollen Thomas' Goldmine besichtigen, zudem hat er uns eingeladen, in seiner Residenz zu übernachten. Doch als wir sein luxuriöses Anwesen erreichen, muss ich hart schlucken: Was ist das denn? Krass! Thomas ist nicht nur reich, Thomas ist *mega* reich: Vor dem Haus parkt ein brandneu aussehender, teurer Mercedes, das villaartige Gebäude selbst ist schick und top in Schuss. Schräg dahinter ist ein Swimmingpool zu erkennen, und ums Haus herum ist alles grün, wahrscheinlich dank des Rasensprengers im Vorgarten. Die Buchsbaumhecken sind akkurat gestutzt und in Form geschnitten, der Garten ist super gepflegt, und tatsächlich entdecke ich weiter hinten einen Gärtner, der vollkommen verschwitzt ein Beet umgräbt. Wo sind wir hier gelandet?

Nach der Armut des Zwelabo-Internats plötzlich diesen Reichtum zu sehen, fühlt sich irreal an, beinahe unecht und künstlich: Was für eine bizarre Welt, in die wir hier eintauchen! Und als Thomas, ein stämmiger Weißer in Kakishorts und Jeanshemd, aus der Tür tritt und uns mit einem »Grüezi« willkommen heißt, da kommt mir das alles noch absurder vor, unheimlich vertraut einerseits, doch gleichzeitig unglaublich fremd – und total verdreht.

Auch hier werden wir wieder Teil von etwas, zu dem wir nicht gehören, aber auf eine andere Weise als in der Schule, anders auch als bei den Retzlaffs, und so bequem mein Bett im klimatisierten Gästezimmer auch ist, so freundlich und zuvorkommend sich unser Gastgeber präsentiert, eigentlich will ich hier nicht sein. Thomas selbst ist ganz genau so, wie man sich einen reichen Goldgräber in einem kitschigen Abenteuerroman vorstellt, er erfüllt jedes Klischee, inklusive Krempenhut.

Noch krasser wird es nur noch, als er uns seine Goldmine zeigt, die ein bisschen wie ein Abenteuer-Schlammspielplatz aussieht: Unter einem notdürftigen Sonnenschutz aus Wellblech befindet sich eine improvisiert wirkende Konstruktion aus Förderbändern, mechanischen Mahlwerken, Bottichen, Schläuchen, Rohren und einer vorsintflutlichen Wasserpumpe. In diesem ratternden, knatternden, mit Keilriemen betriebenen Minibergwerk werden Erde und Steine zerkleinert und zu Schlamm verwässert, damit das Gold extrahiert werden kann, und mehrere Arbeiter sind gerade damit beschäftigt, in großen Eimern den Erdschlamm zu waschen und zu sieben.

Anschließend führt Thomas uns zu den Schächten und Löchern, aus denen das Gestein ausgegraben und erst mal nach oben befördert werden muss – was unglaublich anstrengend aussieht. Die Arbeiter tun mir ganz schön leid, sie sehen fix und fertig aus, und als Papa fragt, ob er, Thomas, denn auch schon mal gegraben hat, reibt dieser sich die Hände und entgegnet: »Ich? Nein. Niemals. Ich grabe nicht. Ich koordiniere und verteile den Lohn.«

Es schaudert mich, als ich zusehe, wie er am Rand steht und Befehle gibt, während die Drecksarbeit die anderen machen – ausschließlich Schwarze verrichten die Schwerstarbeit in den Schächten, mit nichts als Spitzhacken und ihrer bloßen Körperkraft. Sobald sie das Erdmaterial unten aufgehackt und in Kübeln nach oben gehievt haben, wird es dort von weiteren Arbeitern in Empfang genommen und zum Mahl- und Pumpwerk geschleppt. Ich kann kaum mitansehen, wie sich die Leute in der brüllenden Hitze abarbeiten, sich sogar noch mal extra ins Zeug legen, als wir da jetzt mit ihrem Chef aufkreuzen. Brutal! Ich schäme mich total!

Thomas jedoch schaut zufrieden grinsend über seinen Besitz und holt mit beiden Armen zu einer allumfassenden Geste aus: »Das ist es, was mir hier gefällt! Man kann alles machen, wenn man nur will. Versteht ihr? Man darf die Dinge nicht so schwernehmen. Wenn irgendwas nicht funktioniert, wenn man auf die Nase fällt, dann steht man einfach wieder auf und versucht was anderes«, sagt er unbekümmert und lacht ein lautes, schallendes und sehr privilegiertes Lachen.

Hauke Thomas ist ein Charakter wie aus einem Abenteuerfilm »Hier ist es wie im Amerika der Fünfzigerjahre«, erzählt er uns. »Ich hab alle Möglichkeiten, und wenn die Mine mal nichts mehr abwirft, dann bau ich halt 'nen Vergnügungspark mit Goldminenmuseum.« Er klatscht in die Hände, und ich weiß nicht, ob ich erschreckt oder beeindruckt sein soll.

Gestern, am 30. März, sind wir im Goldgräberort Kadoma eingetroffen, um uns von Thomas seine und eine weitere Goldmine vorführen zu lassen. Schon auf der Fahrt in die Stadt haben wir gesehen, dass die Umgebung voller Löcher ist – überall wird herumgebuddelt, der Erdboden ist ausgehöhlt wie ein Emmentaler Käse, bis tief in die Savanne und in den Busch hinein. Zwischen den vielen Gräben und Höhlen türmen sich rötliche und ockerfarbene Erd- und Geröllhaufen auf, die wie gigantische Maulwurfshügel aussehen, und immer wieder entdecken wir im Gelände die verschieden großen Werke aus Ziegel und Wellblech samt Trennapparatur, umgeben von riesigen Schlammfeldern. Hier ist die Landschaft nun nicht mehr intakt, sie wirkt misshandelt und zerstört – der Goldrausch hat offensichtlich seinen Preis, und selbst die gut gelaunten Straßenverkäufer, die am Ortseingang duftende Maiskolben vom Grill verkaufen, können nicht über die marode Struktur dieser Stadt hinwegtäuschen.

Als wir heute mit Thomas die zweite, etwas größere Mine betreten, kommen mir ernsthafte Zweifel, ob dieser Besuch eine gute Idee war. Ich entdecke Kisten und Schränke mit schweren Vorhängeschlössern und Totenkopfsymbolen darauf, und in einem offen stehenden Wandtresor erkenne ich Ampullen, auf denen »Cyanid-Gegengift« geschrieben steht. Mir wird immer unbehaglicher, als Thomas uns in unbekümmertem Plauderton berichtet, dass in der Mine sowohl hochgiftige Blausäure als auch Quecksilber eingesetzt werden, um das Gold aus den Mineralien und dem Erzgestein herauszulösen. »Das Quecksilber verbindet sich mit dem herausgewaschenen Gold zu Amalgam, bildet Klumpen, die aus dem Schlamm gesiebt und dann nur noch erhitzt werden müssen: Das Schwermetall Quecksilber verdampft, zurück bleibt pures Gold. Voilà!«, sagt er grinsend, dann macht er wieder diese ausschweifende Handbewegung. »Trotzdem, es gibt immer noch einen Restgehalt an Goldstaub, den wir so nicht aus dem Schlamm herauskriegen.« Thomas' Mundwinkel sacken leicht nach unten. »Weder mit dem Sieb noch mit Quecksilber. Etwas bleibt immer zurück, so fein wir auch mahlen, so sorgfältig wir waschen, und diese Reste dürfen sich die Arbeiter dann selbst noch rausholen.« Seine Mundwinkel bewegen sich wieder nach oben.

Es ist nicht zu glauben: Überall stecken die Arbeiter mit ihren bloßen Händen bis zu den Ellenbogen in der giftigen Schlammbrühe, rühren und graben und atmen die Dämpfe ein, ohne Schutzmasken, und ich will mir gar nicht vorstellen, welchen Gesundheitsbelastungen sie Tag für Tag ausgesetzt sind. Ganz zu schweigen von der Tatsache, dass anschließend die Abfallprodukte, der ganze verseuchte Schlamm und die Abwässer, einfach auf den Boden gekippt werden, zurück ins Erdreich, wo sie versickern und ins Grundwasser gelangen.

Dreißig Jahre beträgt die Lebenserwartung der Goldschürfer, sogenannter *Small-Scale Miners,* erzählt uns Thomas, als wäre das schlicht ein anderer, unvermeidlicher Fakt des Geschäfts. Viele der jungen Männer sind Schulabbrecher ohne Ausbildung, arme Leute, die sich hier ohne jegliche Absicherung als Tagelöhner verdingen und so immerhin die Chance haben, ein Minimum für sich und ihre Familien zu verdienen.

»*You win some, you lose some,* manchmal muss man eben Opfer bringen, *c'est la vie!*«, lacht Thomas, und ich erschaudere. Wie ist es möglich, dass er darüber so leicht hinwegschauen kann?

»Aber so geht das doch nicht!?«, unterbreche ich Thomas in seinem Redeschwall. »Wie kann das sein, dass ihr gar keine Sicherheitskleidung habt? Vor allem Atemmasken und Handschuhe, das würde dich doch fast nichts kosten. Ist das Leben von Arbeitern hier denn gar nichts wert?«

Thomas wackelt mit dem Kopf und zögert mit seiner Antwort. »Die Arbeiter sind eingewiesen worden und wissen, worauf sie sich einlassen. Sie verdienen hier mehr Geld als überall sonst. Das nehmen sie eben in Kauf.« Und schon winkt er uns zur nächsten Station, einem Sammelbecken, an dem er einen Arbeiter anweist, uns einen Amalgamstein rauszufischen, um ihn uns stolz zu zeigen.

Ich blicke zu Molin hinüber, und mir ist gar nicht wohl dabei, dass sie sich hier neben all diesen offenen Giftbottichen aufhält. Wir haben nicht einmal Stiefel an, sondern stapfen mit Turnschuhen und Sandalen zwischen den Schlammpfützen herum.

»Geh nicht näher ran!«, raune ich ihr zu. »Und nicht in die Matsche treten!«

»Nee, keine Sorge!«, gibt sie gepresst zurück, und ich kann ihren Widerwillen, ihren Missmut und ihr Entsetzen spüren.

»Und bloß nicht tief einatmen!«, füge ich sicherheitshalber noch hinzu, und meine Tochter schüttelt rigoros den Kopf.

»Papa, die Leute werden doch hier komplett ausgenutzt und ausgebeutet – und wofür? Nur damit wir in Europa

Schmuck und Ketten und Ringe haben? Das ist doch so was von sinnlos und scheiße!«

»Das stimmt«, sage ich zu ihr. Es ist wirklich dreckiges Gold!

Unseren Gastgeber scheint das allerdings nicht besonders zu kümmern oder zu besorgen, er strahlt ungetrübten Frohsinn und Optimismus aus, und seine Arbeiter scheinen das zu mögen. »Mister Thomas, Mister Thomas!«, rufen ein paar von ihnen aufgeregt und umringen ihn mit einem freudigen Lächeln, und ich erfahre auch gleich warum: Thomas zieht ein Bündel Dollarscheine aus der Tasche seiner Shorts, wedelt kurz damit herum und verteilt die Geldnoten dann großzügig und gönnerhaft unter den Männern, die sich demütig dankbar vor ihm verbeugen, als wäre Thomas ein selbstloser Wohltäter. Die ganze Szene ist von vorne bis hinten absurd und menschenverachtend: So beeindruckend Thomas' Imperium und sein Reichtum auch sind, sie haben einen extrem schalen Beigeschmack.

Der Mann selbst ist zweifelsohne ein Überlebenskünstler, den kennenzulernen ich spannend und dessen Goldmine anzuschauen ich hochinteressant fand. Wenn allerdings in allen Minen solch katastrophale Arbeitsbedingungen herrschen wie in seiner, verstehe ich absolut, warum der Goldabbau in Afrika weltweit in der Kritik steht. Es scheint klar, dass vieles hier nicht legal ist, und auch wem Thomas' Mine in Wirklichkeit gehört, wissen wir am Ende unseres zweitägigen Besuches nicht ganz genau. Thomas hat beiläufig erwähnt, dass seine simbabwische Ehefrau rechtmäßige Eigentümerin ist, die Besitzverhältnisse bleiben jedoch so undurchsichtig wie die giftige Schlammbrühe, und ich spüre ein flaues Gefühl im Magen, als wir uns schließlich auf den Weg nach Harare machen.

Kapitel 8

Im Gedränge der Hauptstadt

31. März bis 2. April 2019,
Simbabwe/Harare

Molin Während der Fahrt gehen mir die Goldminen nicht aus dem Kopf. Vor allem die Situation der Arbeiter lässt mich nicht los – so ein Elend, damit andere Leute ihre Gier nach Luxus befriedigen können! An die Umwelt denkt dabei auch niemand, der Boden wird zerstört und verseucht, und keinen kümmert's, Hauptsache die Kasse stimmt. Die Gesundheit der Menschen wird zur Nebensache, solange auch nur etwas Profit für einige wenige dabei rausspringt. Das ist doch menschenverachtend! Ganz, ganz bitter!

Ich starre aus dem Fenster. »Wenn ich das gewusst hätte … Ich kauf mir ganz bestimmt niemals neues Gold!«, sage ich, und es scheint, als wäre Papa ganz meiner Meinung.

Als wir am Abend in Harare eintreffen, habe ich meinen Ärger noch immer nicht ganz heruntergeschluckt, doch unser toller Schlafplatz schafft es schließlich, meine Laune etwas aufzubessern: Über die iOverlander-App haben wir in der East Harare Upper Hillside etwas außerhalb der Stadt die Grand View Guest Lodge aufgetan, ein Bed and Breakfast mit Parkanlage, in der wir unseren Allrad-Camper abstellen dürfen. Und, wow, ist das schön hier! Der riesige Garten besteht aus mehreren treppenförmigen Ebenen und Terrassen, die üppig grün und dicht bewachsen mit den verschiedensten exotischen Pflanzen sind: Rot blühender Hibiskus drängelt sich zwischen Palmen, Obststauden überragen breit gefächerte Kakteen – man kommt sich geradezu wie in einem Botanischen Garten vor, und die Blätter und Blumen haben eine ungemein beruhigende Wirkung auf mich.

Wir parken unter einem ausladenden Mangobaum, und während wir im Dämmerlicht unser Dachzelt aufbauen, genießen wir einen spektakulären Blick auf die funkelnde Stadt, die uns zu Füßen liegt. Unglaublich, wie groß Harare ist, wie endlos und bis zum Horizont die Millionen Lichter durch die Nacht leuchten! Das Panorama erinnert mich ein bisschen an diese romantischen Bilder von Los Angeles, die man aus jenen Filmszenen kennt, in denen sich Teenager nachts zum Knutschen in den Hollywood Hills treffen.

Und genauso ruhig ist es hier auch, so weit entfernt vom städtischen Lärm und der Großstadthektik. Papa und ich können nicht anders, als uns zufrieden anzugrinsen, dann atmen wir tief durch, saugen die Abendluft mit dem sattsüßen Duft der Blüten und Bäume ein und lassen den Abend ganz entspannt auf der wunderschönen Dachterrasse mit Blick über den Hillside Park und die Stadt ausklingen.

Außerhalb der Stadt zu übernachten ist aber nicht nur wegen dieses kleinen Paradieses und seiner Ruhe, sondern auch aus Sicherheitsgründen eine gute Idee, wie sich am nächsten Morgen bestätigt, als wir in die Innenstadt hineinfahren. Harare ist ein Moloch, riesig, laut, alles wirkt fremd und etwas gefährlich, und es ist wieder so ein Ort, an dem sofort klar ist, dass man nicht ohne Guide unterwegs sein will. Zum Glück hat Papa vor vier Wochen in Johannesburg diesen »Fresh Prince of Harare« kennengelernt, der uns inzwischen über Insta den Kontakt zu seinem Cousin Teekay in Harare verschafft hat. Und so treffen wir Teekay gleich morgens an einer Straßenecke im Zentrum und erfahren, dass auch er Filmer und Fotograf ist.

»*So great to finally meet you!*«, sagt er zum wiederholten Mal, und ich muss grinsen, als er uns, auf den Fußspitzen wippend und voller Tatendrang, abwechselnd anschaut: *»What ya wanna do? What ya wanna see? Lemme know, we'll do it!«*

»You take the lead«, antwortet Papa schmunzelnd, *»please, show us your favourite places!«*

»Okay, alright then, let's start downtown, since we're already there ...«

Die Stimmung ist sofort total entspannt, Teekay ist so locker und flockig, dass man sich gar nicht unwohl fühlen kann, und wir sind gespannt und guter Dinge, als wir zur nahe gelegenen Copacabana Combi-Station laufen, einem quirligen Busbahnhof und zentralen Angelpunkt der Stadt, an dem ein Gewusel wie in einem Ameisenhaufen herrscht. Wir beobachten das bunte Treiben zwischen den Kleinbussen für eine Weile, dann führt Teekay uns zu einem kleinen Theater, in dem er manchmal arbeitet, und anschließend zu einem überraschend großen und grünen Park inmitten der Stadt namens Harare Gardens, in dem wir auf kühlen Steinbänken im Schatten der Bäume einen kurzen Moment verschnaufen, bevor es weiter zum Contemporary Art Museum geht.

Hauke Es heißt, dass er ein unermüdlicher Stammeshäuptling war: Chief Neharawa, jener Anführer des Shona-Volkes, der dieses Gebiet einst regierte und nach dem Harare benannt ist. Allerdings erhielt Simbabwes Hauptstadt ihren jetzigen Namen erst 1982, als die Kolonialzeit vorbei war, während der sie – nach dem britischen Premierminister – Salisbury hieß. Chief Neharawas Name, von dem sich »Harare« ableitet, bedeutet so viel wie »Einer, der niemals schläft« – und das scheint mir ein passendes Motto für diese lebendige Metropole zu sein.

Natürlich erinnert mich die Stadtführung mit Teekay auch ein bisschen an unsere Touren durch Johannesburg, denn wieder wandern wir durch die teils gefährlichen Straßen einer uns fremden Großstadt, wieder begegnen wir den verschiedensten Menschen, sammeln Eindrücke, Erinnerungen und Erfahrungen. Etwas jedoch hat sich inzwischen geändert: Eine innere Ruhe hat sich in mir breitgemacht, und wann immer ich zu meiner Tochter hinübersehe, habe ich das Gefühl, dass es ihr ähnlich geht. Wir sind beide routinierter geworden – auch Molin wirkt selbstsicherer, gelassener, und ich habe das Gefühl, dass wir nun mehr denn je im Gleichtakt sind, im Einklang miteinander, auch ohne Worte. Und so fühle ich mich trotz des stramm getakteten Vormittags in dieser dichten, lauten Stadt vollkommen sicher und entspannt, als Teekay vorschlägt, in die Townships zu fahren, die ärmsten und ältesten Viertel der Stadt, in denen noch ganz klar die Überbleibsel der kolonialistischen Segregation zu erkennen sind.

Bei der Ankunft in Mbare, einem Vorort im Süden Harares, muss ich dann aber doch schlucken. Die Siedlung, die sich uns hier präsentiert, wirkt so dystopisch, so elendig arm und irgendwie vergessen, dass es wehtut. Als Erstes zeigt Teekay uns den Markt, für den das Viertel bekannt ist. Doch was mir ins Auge springt, ist nicht das gigantische, durch niedrige Überdachungen düster wirkende Verkaufsgelände, sondern das Billboard über dessen Eingang: *»Cholera kills«*, steht in großen Buchstaben darauf, und: *»Don't be a victim!«*, gefolgt von einer Anleitung zum Händewaschen. Instinktiv wische ich meine verschwitzten Handflächen an meiner Hose ab. Will ich mich wirklich in dieses Menschengewimmel stürzen? Will ich, dass Molin es tut? Doch als ich noch zögere, ist Teekay schon unbekümmert durchs Eingangstor gewippt, und so folgen wir ihm in den dichten halbdunklen Trubel, in den ich mich ohne Guide niemals hineingewagt hätte.

Das Marktgelände ist vollgepackt mit Menschen, und alles ist eng und niedrig, stickig und schummrig durch die Plastik- und Zeltplanen, die kaum über Kopfhöhe aufgespannt sind. Für Klaustrophobiker dürfte dies hier ein Albtraum sein, und als sich meine Augen an das dämmrige Licht gewöhnt haben, erkenne ich, dass die Menschen sich durch meterhohe Klamottenberge schieben, die wie überdimensionale Wühltische aussehen. Doch alles liegt auf dem sandigen Boden, Kinder klettern auf den Kleiderhaufen herum, dazwischen sitzen die Verkäufer auf der Erde oder auf dreckigen Säcken. »*Yalla, Yalla!*«, hört man sie schreien, »ein Dollar, ein Dollar, alles ein Dollar!«, denn jeder Artikel kostet hier einen Zimdollar, also etwa 30 Cent.

»Ein klein wenig unheimlich ist es hier schon ... aber auch komplett spannend«, sagt Molin, als wir tiefer ins Marktgeschehen vordringen und die kleinen hölzernen Stände begutachten, an denen Essen verkauft wird – sie sind überall zwischen den Wäschebergen und Säcken platziert, doch der Geruch von Schweiß, gewaschener und ungewaschener Wäsche und Abfall überdeckt jeglichen Essensduft.

»Das ist die komprimierte Form von Einfachheit und Armut«, entgegne ich vorsichtig, und gleichzeitig denke ich, dass mir die Essensstände zu unhygienisch erscheinen, als dass ich mir hier etwas kaufen möchte. Und während Teekay die Klamottenberge durchgeht, bleiben Molin und ich ganz klar die beobachtenden Außenseiter, nicht nur, weil wir weiß sind, sondern auch, weil wir hier eine Welt betreten haben, in die wir offensichtlich überhaupt nicht gehören. Ich nehme an, dass nicht allzu viele Europäer diesen Markt je besucht haben, und so werden wir von zahllosen Augenpaaren, von Marktfrauen mit ihren Kindern, halbstarken Jugendlichen und alten Händlern neugierig und vielleicht auch etwas misstrauisch beäugt. »Was wollt ihr hier?«, scheinen all ihre Blicke zu fragen, zu Recht, denn schließlich sind wir ungebeten in ihr Terrain eingedrungen.

Ein leicht beklemmendes Gefühl begleitet mich, als wir den Markt schließlich verlassen und weiterfahren zu den Matapi Flats – einer Häuseransammlung in Mbare, in denen Harares allerärmste Menschen leben. Auch hier wären wir alleine niemals hingefahren und in diese Häuser, die ein bisschen wie Tierstallungen aussehen, niemals eingetreten. Vielleicht ist das handgemalte Schild am Eingang eines Innenhofes schuld an meiner Assoziation: »*Live Chickens For Sale, 6 $*« steht darauf, doch wo hier die Hühner leben, erschließt sich mir nicht. Allerdings kann ich mich nicht von dem Gedanken befreien, dass die mehrstöckigen bröckeligen Ziegelbauten mit ihren kleinen vergitterten Fenstern durchaus auch Hühnerfarmen mit Massentierhaltung beherbergen könnten, zumindest riecht es hier wie auf einer zu großen Tierfarm nach Gülle und Dreck, und sowohl die Häuser als auch die Höfe sind bräunlich, schlammig und mit Müll übersät.

Gleiches gilt fürs Innere der Gebäude, die wir betreten, um nach einem Musikerfreund von Teekay zu suchen: Irgendwo in einem der Obergeschosse liegt dessen Tonstudio, da ist Teekay sich sicher, doch obwohl wir überall nachsehen, finden wir weder Studio noch Freund. Stattdessen begegnen wir zahlreichen anderen Menschen, und es erstaunt mich, dass niemand hier auch nur im Geringsten bedrückt oder unglücklich wirkt, sondern dass alle, vor allem die Kinder, Fröhlichkeit und Lebensfreude pur ausstrahlen. Nichts scheint hier richtig zusammenzupassen, weder die Häuser zu ihren Bewohnern noch deren Stimmung zu ihrer Umgebung. Und am allerwenigsten passen wohl wir als reiche beobachtende Touristen hier hinein.

Ich bin in einem der Höfe zwischen Wäscheleinen und kaputten Autos unterwegs, um Fotos zu machen, als ich wahrnehme, wie sich eine Traube kleiner Kinder fasziniert um Molin schart. Sie alle haben rotzige Nasen, einige husten hart und keuchend, und als sie sich an meine Tochter schmiegen, ihre Haare, ihre Arme und ihr Gesicht befühlen, da beschleicht mich plötzlich eine dumpfe Sorge: Allzu frisch leuchtet das Cholera-Billboard vom Marktplatz noch in meinem Hinterkopf, auch von Typhusausbrüchen in dieser Gegend habe ich schon gehört, und wer weiß, was es noch für Krankheiten gibt, gegen die wir nicht immun sind.

»Molin, halt mal ein bisschen Abstand!«, rufe ich meiner Tochter zu, obwohl ich sehe, dass das schwierig sein dürfte. »Lass die Kids zumindest nicht an dein Gesicht! Lass dich nicht küssen oder am Mund berühren!«, kann ich gerade noch warnen, als auch schon ein kleines Mädchen, das sich soeben die Nase mit dem Handrücken abgewischt hat, meiner Tochter mit derselben Hand über die Wange streicht.

Molin Mir wäre es überhaupt nicht in den Sinn gekommen, dass man hier bei den Kindern aufpassen muss, um sich keine Krankheit einzufangen. Schließlich haben wir uns doch vor der Reise gegen alles Mögliche impfen lassen. Auch gegen Cholera. Aber natürlich hat Papa recht, denn ob meine Impfungen auch wirklich hundertprozentig wirken, muss ich ja nicht hautnah testen.

Kurz darauf fahren wir weiter, aus dem Township Mbare hinaus und in ein Viertel hinein, das um einiges harmloser und netter aussieht und eher eine traditionelle Dorfstruktur hat. Hier fällt das etwas unbehagliche Gefühl, das mir die gesamte Zeit in Mbare im Nacken saß, sofort von mir ab: Obwohl Papa ja glaubt und auch immer wieder betont, dass die Kriminalitätsrate in Simbabwe vergleichsweise niedrig ist, war mir der Markttrubel nicht geheuer, alles war mir zu unübersichtlich, irgendwie nicht einschätzbar. Obwohl ich keine Angst hatte, mich durch Teekay sicher fühlte und wahrscheinlich zu keiner Zeit eine konkrete Gefahr bestand, hatte ich ein unterschwellig ungutes Gefühl.

Umso erleichterter bin ich nun, als Teekay uns in diese andere Gegend führt, eine Nachbarschaft namens Budiriro Four, die am Stadtrand liegt und in der er aufgewachsen ist: Hier kennt jeder jeden, und Teekay kennt alle, und so stellt er uns munter vor, und wir grüßen und winken genauso fröhlich zurück. Es macht großen Spaß, mit Teekay unterwegs zu sein, weil er so super entspannt und außerdem ein toller Erzähler ist: Er nimmt uns geradezu mit in seine Kindheit, die er mit seinem Cousin Nicom, dem Fresh Prince, in diesem Viertel verbracht hat, zeigt uns alle Winkel und Ecken, die ihm etwas bedeuten, und weiß zu jedem Ort etwas zu berichten. Wir schlendern an einem Fußballfeld vorbei, begegnen Leuten beim Einkaufen, treffen den Dorffriseur, und in einer Nische zwischen zwei Häusern sehen wir ein paar alten Männern zu, die auf einem verschlissenen Schachbrett mit Kronkorken ein Brettspiel spielen, während gegenüber in einer Spielhalle ein paar Jugendliche zocken, Ballerspiele, wie es scheint. Das kommt mir wiederum etwas gruselig vor: Es gibt so gut wie nichts in diesem Land, aber so was schon? Shooter Games? Ja, so ist es: drei Runden für 50 Cent!

Während ich darüber noch den Kopf schüttele, verzieht Teekay den Mund zu einem immer breiteren Grinsen. »*Yo man!*«, sagt er in sein Telefon und dann, zu uns gewandt: »*I found him!*« Für einen Moment weiß ich nicht, von wem er spricht, doch schnell wird klar, dass es um Tony Bonga geht, jenen DJ und Musiker, den wir vorhin in den Matapi Flats gesucht haben. »*He moved. He's back home. C'mon, it's just around the corner!*« Und so besuchen wir Teekays Freund schließlich doch noch in seinem Studio, das er nun im Haus seiner Eltern untergebracht hat, und hier haben wir noch mal so richtig Spaß: Tony zeigt uns nicht nur, wie er auf engstem Raum lokale Musik produziert, sondern lässt uns auch jeweils einen Song rappen – was wegen unseres deutschen Akzents zu großem Gelächter bei allen führt.

Anschließend stellt Teekay uns noch seine Familie vor, die in einem neu gebauten Ziegelhaus mit kleinem Gärtchen wohnt und nicht besonders viel Geld zu haben, aber auch nicht superarm zu sein scheint, und ich merke sofort, wie stolz unser Guide ist. Seine Familie wirft sich für uns auch ganz schön in Schale, der Vater mit einem weinroten Seidenhemd, die Mutter mit einem traditionell gemusterten Kleid in Erdtönen, und sowohl sie als auch Teekays Schwester ziehen uns zu Ehren Perücken auf. Fürs obligatorische Gruppenfoto darf ich dann sogar das neugeborene Baby der Schwester im Arm halten – was ich wiederum als große Ehre empfinde. Und so stolz Teekay einerseits auf seine Familie ist, so scheint er andererseits auch auf uns stolz zu sein und darauf, uns hier vorzustellen: Ein bisschen kommt es mir vor, als wären wir Beweisstücke, die er seinem verehrten Vater vorführt, um ihm zu zeigen, dass er es zu etwas gebracht und ehrwürdige Kontakte geknüpft hat – die ja immerhin Vorboten seines weiteren Erfolges sein könnten.

Am Spätnachmittag fahren wir schließlich wieder zurück in die Innenstadt von Harare, und auf dem Weg entdecken wir ein paar besonders tolle der hier recht verbreiteten Murals – Wandmalereien, die sich großflächig über ganze Häuserfronten erstrecken und oftmals Szenen aus der Nachbarschaft und dem Leben ihrer Menschen darstellen. Diese Bilder hier sind überdimensionale Porträts zweier grinsender Jungs – wie Teekay und Nicom – und reichen jeweils über die Hälfte einer gelben Backsteinwand: Sehr realistisch in Schwarzweiß gemalt, mit einigen farbigen Details und ein paar abstrakten Elementen, vermitteln sie ein starkes Gefühl von Freundschaft und Zusammengehörigkeit, das mich sehr beeindruckt.

Als wir im Zentrum ankommen, wird es bereits dunkel, und da es ein Freitag ist, beschließen wir, uns noch kurz ins abendliche Wochenend- und Partygetümmel zu stürzen und den Tag mit einem gemeinsamen Drink in einer offenen Straßenbar ausklingen zu lassen.

Schon als wir unsere Getränke bestellen, fällt uns der Bus auf, der vor der Bar auf der Straße steht, und wir beobachten von unserem Tisch aus, wie sich immer mehr Menschen um die Fahrzeugtüren drängen und auf Einlass warten, bald sind es viel mehr, als je in diesen einen Bus passen können.

»*There are never enough busses for all the commuters …*«, seufzt Teekay, und Papa steht auf, um ein Foto von den wartenden Leuten zu machen.

»Die müssen schließlich alle wieder irgendwie zu ihren außerhalb gelegenen Wohnorten kommen«, höre ich meinen Vater murmeln, die Kamera in der Hand, und als wir schließlich die Bar verlassen, ist die Menschentraube zu einer unübersichtlichen Menge angewachsen.

Und dann geht plötzlich Geschrei los: *»Stop thief, stop thief, STOP THIEF!«*, schallt es über die Köpfe der Wartenden hinweg, immer lauter, wie im Chor, während eine wellenartige Unruhe durch die Menge geht. Zwei Polizisten, die ein paar Häuser entfernt auf der Straße stehen, wenden ihre Köpfe in Richtung der aufgebrachten Leute – mehr unternehmen sie nicht, und wie Wasserringe, die sich ausbreiten, die nach außen schwappen, nachdem ein Tropfen hineingefallen ist, wird der Tumult immer größer, und ich habe das Gefühl, dass wir jede Sekunde überrollt werden, wenn wir hier einfach stehen bleiben.

»Let's go!«, raune ich Papa und Teekay mit drängender Stimme zu. *»Please, let's go now!«* Doch bevor einer von ihnen antworten kann, müssen wir sprachlos und untätig mitansehen, wie ein paar Leute immer heftiger auf einen Mann einprügeln, so lange, bis er zusammensackt und auf den Boden stürzt. Auch dann noch lassen die Männer nicht von ihm ab, sondern treten ihm mit voller Wucht in Bauch und Rücken – während die Polizei nach wie vor einfach bloß zuschaut.

»Mist! Was ist das?« Ich habe plötzlich riesige Angst. »Ey, ich krieg die Krise! Das ist ja voll brutal, die treten den gleich tot! Warum macht die Polizei denn nichts?«

»Der hat in dem Gedränge wahrscheinlich jemandem in die Tasche gegriffen, hat jemanden beklaut, und jetzt laden die anderen ihre Wut auf ihm ab«, sagt Teekay, und ich will unbedingt verschwinden, aber mein Vater rührt sich nicht vom Fleck. Dabei wird die Menge immer aggressiver, und ich habe das Gefühl, dass ein paar Leute schon zu uns rübergucken, zu Papa hinübergucken, der gerade noch Fotos gemacht hat – wenn er jetzt auch nur noch einmal die Kamera anhebt, dann flippe ich aus.

»Papa, lass uns gehen!!«, zische ich panisch und wütend zugleich, aber Papa bewegt sich immer noch nicht. Die Kamera lässt er zwar unten, aber warum hauen wir jetzt nicht ab? Er überlegt doch wohl nicht ernsthaft, hier jetzt noch Bilder zu machen, oder doch? Auch die beiden Polizeibeamten, die sich inzwischen auf ein paar Schritte genähert haben, gucken nun zu uns rüber – wieso unternehmen die nichts, um dem Mann auf dem Boden zu helfen? Eingerollt und wimmernd liegt er dort, und immer noch treten und prügeln die Leute auf ihn ein.

»Ich will das nicht sehen! Lass uns doch endlich verschwinden!«, versuche ich es noch einmal, total entsetzt, doch Papa schüttelt den Kopf, starrt wie hypnotisiert auf das Geschehen und sagt nichts weiter als: »Pssssst!«

Was? Ich fass es nicht! Wieso will er zugucken, wie der Typ da so ultrabrutal zusammen- oder sogar totgeschlagen wird? Ist mein Vater jetzt irre oder was?

»Papa, bitte!«, flehe ich.

»Nein. Bleib einfach stehen. Wir bleiben hier!«, raunzt er mich an. »Und sei still, wir warten ab ...«, schiebt er noch hinterher, und so langsam werd' ich richtig sauer: Was fällt ihm eigentlich ein? Wie redet er überhaupt mit mir? Wieso glaubt er, dass er mich so rumkommandieren und meine Wünsche einfach ignorieren kann? So was ist auf der gesamten Fahrt noch nie passiert! Dass Papa einfach über meinen Kopf hinweg bestimmt, dass er meine Angst überhaupt nicht ernst nimmt, stattdessen einfach dableiben und gucken will, das macht mich echt so was von wütend! Von Absprache und Einigkeit kann ja wohl überhaupt keine Rede mehr sein – ich kapier's echt nicht! Bin ich ihm auf einmal total egal? Ist das Spektakel da auf der Straße wichtiger für ihn als die Gefühle seiner Tochter?

Vor Wut und Enttäuschung steigen mir schon die Tränen in die Augen, und ich muss mich beherrschen, um nicht so richtig loszuheulen. »Der Typ stirbt da fast, und du guckst einfach nur zu und nimmst überhaupt keine Rücksicht auf mich und meine Angst!«, japse ich.

Hauke Eigentlich wollte ich nur Fotos von der Menschentraube vor dem Bus machen, um den Energie- und Dieselmangel in Simbabwe zu dokumentieren, der uns ja schon zuvor aufgefallen war. Die Menge, die sich mitten auf dieser engen, schlecht beleuchteten Straße drängelt, symbolisiert für mich gleich mehrere Probleme des Landes: seine Einschränkungen, die Ungewissheiten, mit denen die Einwohner Tag für Tag leben müssen, und den Verfall der Ordnung, den solch ein Mangel mit sich bringt. All das wollte ich im Bild festhalten, doch während des Fotografierens brach plötzlich und unerwartet der Tumult aus, begann die Prügelei, die jetzt immer weiter eskaliert.

Und natürlich lasse ich meine Kamera jetzt unten: In dieser Situation weiter zu fotografieren, würde uns in allergrößte Gefahr bringen – wir wären zwangsläufig in den Vorfall verwickelt, auf höchst ungünstige Weise, da ja niemand weiß, warum ich hier Fotos mache. Und während ich wie erstarrt am Straßenrand stehe, schaukelt sich die Wut vor und um uns herum immer weiter auf. Es wird bedrohlicher, denn die Situation scheint zu eskalieren. Derweil wird weiter gnadenlos auf den Mann eingetreten, der dort zusammengekrümmt im Straßenstaub liegt, und es erschallen wütende Schreie und anfeuernde Rufe: Mir kommt das Geschehen vor wie eine Lynchjustiz, die zur ansteckenden Raserei wird.

»Ich will hier weg, Papa!«, zischt Molin mich zum wiederholten Mal an, und ich merke, wie verärgert und verängstigt sie ist, doch ich bleibe stehen, wie gebannt. Ich will nicht abhauen. Ich *kann* nicht abhauen! Mein Instinkt rät mir, mich nicht zu rühren und hierzubleiben. Denn schließlich würde es sonst so aussehen, als wollten wir flüchten. Wir werden ohnehin schon beobachtet, weil wir als einzige Weiße aus der Menge herausstechen, da will ich auf keinen Fall noch einen weiteren Grund liefern, der uns zur Zielscheibe machen könnte.

Aber das kann ich Molin in diesem Moment nicht mitteilen. Ich kann ihr nicht erklären, warum ich es für sicherer halte, sich möglichst unauffällig zu verhalten und einfach stehen zu bleiben, um keinerlei Verdacht zu erregen. Hier, in dieser Situation auf der Straße, fehlen mir die Worte, und so gebe ich ihr eben väterliche Anweisungen und Befehle, wie ich es von früher kenne, als sie noch klein war und es natürlich auch schon zu Zoff geführt hat.

Doch heute ist Molin erwachsen, und es steht mir noch weniger zu, sie derart zurechtzuweisen – andererseits ist die Situation unübersichtlich und gefährlich. Und so wächst, während die Konfrontation vor unseren Augen völlig ausufert, zwischen mir und meiner Tochter ein anderer Konflikt heran. Natürlich will ich Molin beschützen, und vielleicht falle ich auch deswegen in die Rolle des bestimmenden Vaters zurück. Noch dazu scheint selbst unser Guide nicht zu wissen, was das richtige Verhalten in dieser Situation ist. *»Man, shit, I dunno, I dunno«,* höre ich Teekay ein paarmal murmeln, während er auf seinen Zehenspitzen auf und nieder federt. Aus seinem Mund klingen die Worte noch nicht einmal besonders besorgt – aber ob wir bleiben oder gehen sollen, weiß auch er ganz offensichtlich nicht.

Und so fühle ich mich bestärkt in meinem Plan, besser nicht in eine Seitenstraße zu flüchten – sondern hier zu warten und die Szene gewissermaßen auszusitzen. Erst, als sich die Lage etwas später wieder beruhigt hat, als der Bus schließlich seine Türen öffnet und zumindest ein Teil der Menschen in sein Inneres strömt und sich der Rest der Menge zerstreut, ziehen auch wir uns langsam zurück.

»Komm, jetzt trinken wir noch was, okay?«, sage ich versöhnlich zu Molin und lade auch Teekay ein, und ich merke, dass wir alle ziemlich aufgewühlt und zittrig sind, als wir uns ein paar Straßen weiter in einem Restaurant auf die Stühle fallen lassen und uns noch mal Getränke bestellen. Molin guckt mich allerdings nicht an, redet kein Wort mit mir und dreht ihren Kopf demonstrativ zur Seite, wann immer ich sie anspreche. Es ist offensichtlich, dass sie sauer auf mich ist.

Schließlich verabschieden wir uns von unserem Guide, versprechen, in Kontakt zu bleiben, und machen uns auf den Weg zurück zum paradiesisch friedlichen Park unseres Bed and Breakfast, der mir jetzt wie ein anderes Universum vorkommt.

Während der Fahrt herrscht bleiernes Schweigen zwischen meiner Tochter und mir, und ich glaube, ich bin ebenso mitgenommen wie sie – an diesem Abend kommunizieren wir kaum noch, und ich habe das Gefühl, dass das erste echte, richtig schwere Gewitter zwischen uns hängt.

Kapitel 9

Der Löwe Matata

2. bis 8. April 2019, Sambia, Namibia/Caprivi Strip, Okonjima Reserve, Namib-Naukluft-Nationalpark

Malin

Am nächsten Morgen sieht alles schon wieder etwas heller und leichter aus, und die miese Stimmung zwischen Papa und mir verfliegt, als er sich entschuldigt und mir erklärt, warum er gestern stehen geblieben ist, obwohl ich so gern wegwollte.

»Okay«, schließe ich die Sache ab, »ist akzeptiert, unter der Bedingung, dass wir nächstes Mal sofort reden.« Hätte ich auch nicht gedacht, dass ich das mal zu meinem Papa sagen würde.

Lange hält die wiedergewonnene gute Laune jedoch nicht an, denn sobald wir uns von unserem grünen Garten verabschiedet haben, von dieser wunderbaren Lodge, in der wir sogar noch unsere Wäsche waschen durften und leckeres Frühstück bekommen haben, geht die Suche los – nach Diesel, und oh, ist das eine Challenge! Die endlos langen Schlangen an den Tankstellen von Weitem zu sehen, ist eine Sache, in einer drinzustehen eine andere. Viele Tankstellen haben überhaupt keinen Diesel mehr, und die wenigen, die ihn verkaufen, sind noch voller als die anderen. Nichts geht voran, nichts bewegt sich. Junge, ich wette, wir stehen heute Abend noch hier rum!

»Durch Simbabwe nach Namibia zu fahren – das wird nie was«, sagt Papa genervt und resigniert, als wir schließlich ein bisschen Diesel für eine astronomische Summe – und nur gegen US-Dollar – bekommen haben. Eigentlich wollten wir von Harare aus zurück über die A5 nach Westen fahren, dann in Richtung Victoria Falls, um gleich dahinter am Vierländereck die Grenze nach Namibia zu überqueren.

»Lass uns stattdessen auf der A1 nach Norden fahren, auf schnellstem Wege nach Sambia, vielleicht ist das Tanken da einfacher. Wir könnten dann über Lusaka in westliche Richtung reisen, uns in Sambia ein bisschen was ansehen und dann hinter Livingstone nach Namibia überwechseln.«

»Okay ...« Mir ist alles recht, was die Laune nicht noch weiter runterzieht.

Am Nachmittag erreichen wir nach dieser Planänderung und einer entsprechend entspannten Fahrt den Grenzort Chirundu am Sambesi. Der Fluss bildet über fast 800 Kilometer hinweg die natürliche Grenze zwischen Sambia und Simbabwe, und hier überqueren wir ihn nun auf der Chirundu Bridge, einer imposanten Hängebrücke, die uns geradewegs in die Grenzstation mit dem Zambia Immigration Center führt. Das Prozedere kennen wir ja bereits, alles wird akribisch gecheckt, wir müssen die üblichen Gebühren zahlen, allerdings erreicht die Fahrzeugkontrolle hier noch mal ein neues Level, als wir unseren Wagen über eine Werkstattgrube fahren müssen, damit er von unten untersucht werden kann. Mann, was hoffen die denn, da zu finden? Glauben die etwa, dass wir Drogen unter unserem Auto kleben haben, oder was?

Noch eine Sache ist anders als bei unseren bisherigen Grenzüberquerungen: Schon vor der Station werden wir von »Immigration Assistants« angehalten, die ihre Hilfe und fachkundige Unterstützung bei der Einreise anboten – natürlich gegen eine stattliche Bezahlung. Papa hat sie sofort abgewimmelt, denn das sah zu sehr nach Abzocke aus. Allerdings scheinen diese »Assistants« mit den Grenzbeamten unter einer Decke zu stecken, denn in der Station sind die Beamten nun echt aggressiv und sauer darüber, dass wir allein und ohne Helfer unterwegs sind. Es scheint, weil wir die Helfer abgelehnt haben, lehnen sie uns nun auch ab – und das geht so weit, dass wir uns einem stundenlangen Verhör unterziehen müssen, bei dem vor allem Papa mit dubiosen Fragen gelöchert wird: »*Are you a married man? Or an escapee? On the run? You fleeing from something? Who is your father? Is he a chieftain?*«

Mannomann! Was soll das?

Dass Papa die meisten Fragen mit Nein beantwortet, macht die Sache nicht besser, im Gegenteil, je öfter er »*No*« sagt, desto schuldiger scheint er zu sein und desto aggressiver wird der Beamte. Auch Papa wird immer wütender, sein Kopf ist schon ganz rot angelaufen, doch bevor er laut werden und rummotzen kann, tut das ein anderer Tourist, ebenfalls ein Weißer, der mit uns ins Büro gebeten wurde: »*What the fuck? What random bullshit is going on here, guys? Ya rippin' us all off, aren't ya? Well, not me. Think I'm an idiot? Man, this is outrageous! Absolutely OUTRAGEOUS!*«

Der Typ ist groß und kräftig, und ich hab echt Angst, dass es gleich zu Handgreiflichkeiten kommt oder dass der Mann einen Herzinfarkt kriegt, so wie der sich aufregt. Jedenfalls ist er schon viel röter als Papa, und eigentlich bin ich ganz froh, dass sich jetzt nicht mehr alles nur um uns dreht. Ein bisschen peinlich ist mir dieses Touristengebaren schon, auf der anderen Seite kann ich den Ärger aber auch verstehen. Zum Glück schiebt der Grenzbeamte mich und Papa jetzt zur Tür, und bevor ich mich zu sehr fremdschämen kann, gibt er uns ein Zeichen, das Büro zu verlassen – wahrscheinlich, damit er sich ganz dem wutentbrannten Typen widmen kann.

»Ach, ich hasse diese immer gleichen Konflikte, ehrlich, das hatten wir doch alles schon, ich hasse Bestechung, und am allermeisten hasse ich es, für dumm verkauft zu werden!«, macht Papa seinem Ärger vor der Bürotür noch einmal Luft, und instinktiv greife ich nach seinem Arm und zische: »Psssst!« Noch sind wir nicht außer Hörweite! »Entspann dich, Papa!« Schritt für Schritt normalisiert sich die Gesichtsfarbe und Atemfrequenz meines Vaters wieder, während ich ihn beruhige, so gut ich kann.

»Und ich hasse es, so wütend zu werden!«, fügt er schließlich noch hinzu, als wir schon wieder im Auto sitzen. »Mensch, über vier Stunden waren wir jetzt in der Station! Unglaublich!«

»Nach Lusaka schaffen wir es heute wohl nicht mehr«, sage ich skeptisch, als ich in die untergehende Sonne blinzele, der wir nun geradewegs entgegenfahren.

Wir kommen etwa sechzig Kilometer weit, bevor es dunkel wird – gerade mal die Hälfte des Weges zur Hauptstadt, die wir eigentlich erreichen wollten –, und stranden schließlich im Örtchen Kafue, in dem wir gezwungenermaßen und völlig improvisiert auf dem Miniparkplatz eines kleinen verwaisten Restaurants parken und übernachten.

Hauke Als ich am nächsten Morgen kurz nach Sonnenaufgang wach werde, habe ich den gestrigen Tag schon beinahe wieder vergessen und abgehakt. Jetzt freue ich mich auf neue Abenteuer – die Sambier haben den Ruf, besonders freundliche Menschen zu sein, und es ist immer aufregend, ein neues Land zu erkunden. Und so sind wir kurz darauf schon wieder unterwegs, gut gelaunt, auf einer kleinen Seitenstraße, die vom Restaurantparkplatz weg zur Hauptstraße nach Lusaka führt.

Noch bevor wir in die größere Straße einbiegen, während des Abbremsens an der Kreuzung, schneidet uns ein Polizeiwagen den Weg ab. Heraus steigt ein grimmig dreinblickender, mit einer klobigen Radarpistole winkender Beamter, und mir fällt buchstäblich die Kinnlade hinunter. Das darf doch wohl nicht wahr sein!

»Oh nein!«, höre ich Molin gerade noch flüstern, da ist der Mann auch schon an unserem Fenster und zeigt uns die Pistole, auf deren digitaler Anzeige »70 kmh« zu lesen ist.

»Nee – oder?« Ich bin sprachlos. Wir standen doch schon fast, als die Polizei aufkreuzte, allerhöchstens 20 Stundenkilometer sind wir gefahren, 70 geht auf dieser Holperstraße doch überhaupt nicht!

»Das ist völlig unmöglich ...«, findet auch Molin, doch der Polizist befiehlt uns, trotz unseres ungläubigen Protestes, auszusteigen. Er geleitet uns zu seinem Auto, in dem ein weiterer Polizeibeamter sitzt, der noch unfreundlicher dreinschaut als der erste, und brummend lässt er uns wissen, dass wir jetzt entweder 2000 Sambische Kwacha – etwa 70 Euro – in Cash bezahlen können, oder aber uns in Lusaka vor Gericht verantworten müssen, was wahrscheinlich zu einer Gerichtsverhandlung und möglicherweise zu einer Verurteilung führen wird.

Was?? Ich höre, wie Molin neben mir vor Schreck nach Luft schnappt. Ich selbst traue meinen Ohren kaum, und in meinem Inneren beginnt es zu kochen. Der feindliche Eindruck dieses Landes, den wir bereits gestern bei der Einreise bekommen haben, wächst proportional zu meiner Wut.

»Wir nehmen die Gerichtsverhandlung«, sage ich und merke, wie mir schon wieder das Blut in den Kopf schießt.

»Spinnst du?«, keucht Molin und boxt mir in die Rippen. »Wir zahlen das Geld! Ich will doch nicht wegen so was verurteilt werden!«

Doch ich bleibe dabei und erkundige mich nach der Adresse des Gerichtsgebäudes, denn ich bin mir vollkommen sicher, dass dies ein Bluff ist.

»Mann, Papa, was, wenn die sonst noch was finden wollen oder uns irgendwas unterschieben? Echt, ich will nicht vor Gericht! Ich will nicht verurteilt werden! Wir haben nicht mal 'nen Anwalt, wir wissen doch gar nicht, wie das hier geht!«

Ich spüre die Panik meiner Tochter, bleibe aber fest. Und als ich zum zweiten Mal nach Adresse und Termin unserer Gerichtsverhandlung frage, dreht der zweite Beamte schließlich knurrend sein Autofenster hoch, während der erste mit bösem Blick seine Radarpistole in den Gürtel steckt. Ohne ein weiteres Wort steigt er ins Auto, knallt die Tür laut zu, und der Polizeiwagen ist schneller um die Ecke und außer Sicht gedüst, als man es auf dieser Straße für möglich gehalten hätte.

»Die haben wohl ihre eigene Geschwindigkeit gemessen ...«, sagt Molin trocken, und ich höre die Erleichterung in ihrer Stimme.

»Das war wieder so eine völlig absurde, unrealistische, total weit hergeholte Nummer. Niemand kommt wegen zu schnellen Fahrens ins Gefängnis.« Ich schüttele den Kopf und versuche, meine Reaktion zu rechtfertigen, vor meiner Tochter und mir selbst. »Auch in Sambia nicht!«

»Trotzdem hab ich keine Lust, noch länger hierzubleiben«, sagt Molin, und mir geht es genauso: Seit wir in diesem Land sind, haben wir nur böse Überraschungen erlebt. Ein Missgeschick scheint das nächste zu jagen, und auch mir ist die Lust, noch länger hierzubleiben, mittlerweile gehörig vergangen.

Und so ändern wir unsere Pläne noch einmal und verlassen die Straße, die uns nach Lusaka gebracht hätte. Statt nach Nordosten fahren wir nun nach Südwesten, parallel zum Sambesi und dem Kariba-Stausee, auf geraden Straßen, durch flache Landschaft, immer in Richtung Livingstone, jener Stadt, die auf der sambischen Seite der Victoriafälle liegt. Wir halten nur zum Tanken in einem der Dörfer, die wir passieren, und dann noch mal für eine kalte Cola an einer kleinen Bäckerei, gucken uns außer Kuhherden am Straßenrand nichts an, konzentrieren uns allein aufs Vorwärtskommen und hoffen inständig, dass uns nicht noch was Blödes passiert.

Dennoch schaffen wir es nicht bis zur Grenze an diesem Tag, was vor allem an den katastrophalen Straßenverhältnissen liegt: Die asphaltierte Landstraße M10, die von Livingstone zum Grenzort Sesheke führt, ist so grottenschlecht, so übersät mit Schlaglöchern, dass wir höchstens 25 Stundenkilometer fahren können. Und so kriechen und hoppeln wir des Weges, dem Sonnenuntergang entgegen, bis wir zum lauschigen Garten einer kleinen, aber feinen Lodge namens Brenda's Baobab direkt am Sambesi gelangen, die wir wieder einmal über unsere App gefunden haben. Hier kommen wir für die Nacht unter, und so schön versteckt zwischen grünen Sträuchern und Bäumen der Campingplatz auch ist und so verlockend der gelbe Sand des Flussufers zwischen den Büschen hindurchscheint: Das Schild mit der Aufschrift *»Beware of Crocodiles!«*, das ganz in unserer Nähe an einen Baum genagelt ist, hält uns von weiteren Erkundungen der Umgebung ab.

»Gut, dass wir ein Dachzelt haben, da kommen die Krokodile ja wohl nicht rein, oder?«, fragt Molin, während sie angestrengt Wasser und Ufer scannt und dabei nervös von einem

Fuß auf den anderen tritt. Es dämmert bereits, und ich beeile mich mit dem Zeltaufbau. »Komm, lass uns reinklettern!« Auch ich habe das Bedürfnis, meine Füße schnellstmöglich in Sicherheit zu bringen, denn Krokodile sind nächtliche Jäger, die um diese Tageszeit aktiv werden. Noch dazu jagen sie vor allem im Wasser, von dem wir ein ganzes Stück entfernt stehen, doch herausfordern will ich das Unglück nicht.

Molin

In Sambia haben wir uns nicht willkommen gefühlt, und so bin ich froh, als wir am nächsten Morgen die Grenze zu Namibia erreichen. Der Grenzübertritt in Sesheke geht zur Abwechslung mal völlig unkompliziert und unspektakulär über die Bühne. Trotz ziemlich vieler wartender Autos und Reisebusse werden wir zügig und ohne jeglichen Korruptionsversuch abgefertigt. Und jetzt sind wir hier – ganz im Osten von Namibia, im Caprivizipfel, der im Grunde nicht viel mehr ist als eine Straße, die durch einen schmalen Landstreifen führt.

»Merkst du, wie anders das Klima hier jetzt ist?«, fragt Papa.

»Mhm, es ist schwül ...«

»Genau, hier ist es nicht mehr heiß und trocken, wie wir es die letzten Tage erlebt haben, sondern warm und feucht. Und was bedeutet das?«

»Mücken ...« Die ersten Exemplare kleben bereits auf unserer Windschutzscheibe.

»Tatsächlich gibt es in diesem tropischen Landstrich verhältnismäßig viel Niederschlag«, fährt Papa im Lehrerton fort, »dazu ist er von Flüssen gesäumt, dem Sambesi im Norden und dem Chobe River im Süden, und es gibt weitere

Wasserläufe. Ein Großteil der Landschaft ist Sumpfgelände – der Caprivizipfel ist also ein Feucht- und damit auch ein Malariagebiet!«

Na toll. Sind wir jetzt vom Regen in die Traufe geraten? Von einem unwirtlichen Gebiet ins nächste geschlittert?

»Aber genau dafür haben wir ja unsere Malariaprophylaxe bekommen, also sollten wir sicher sein«, beendet Papa seinen Vortrag.

Eigentlich hatte ich mir Namibia anders vorgestellt. Ich hatte Wüstenbilder im Kopf, karge trockene Landschaften mit riesigen roten Dünen. Ein paar meiner Freunde waren vor einiger Zeit mal in Namibia und ihre Instastorys damals voller grandioser Wüsten- und Dünenbilder: Genau das wollte ich auch sehen, mit meinen eigenen Augen, darauf hatte ich mich gefreut – nicht auf einen feuchtwarmen Mückensumpf!

Zum Glück sind die Straßen auf dieser Seite der Grenze aber wieder besser, und auch wenn noch keine der berühmten Dünen in Sicht ist, gibt es in dieser Ecke des Landes erstaunlich viel Infrastruktur: Zu meiner Überraschung entdecken wir schon nach wenigen Kilometern mehrere schicke Cafés und Restaurants, die ausgesprochen europäisch anmuten, mit großen Fensterfronten und kreidebeschriebenen Tafeln auf den Bürgersteigen davor, genau wie ich es von zu Hause kenne – und ebenso wie zu Hause werden auch hier Pancakes, Croissants, Muffins und Caffè Latte angepriesen.

Nach unseren krassen, befremdlichen Erlebnissen in Sambia fühlt sich das Vertraute, das Altbekannte in diesem Moment unglaublich gut und sicher an, und ganz kurz verspüre ich einen Stich in der Brust, fast so, als hätte ich Heimweh.

Natürlich ist hier alles so für die Touristen hergerichtet, damit sie ein hippes Erlebnis haben, in einem Ambiente, das ihnen vertraut und heimisch vorkommt – das kennen wir ja schon von Victoria Falls. Anders als dort freue ich mich diesmal allerdings wirklich darauf, demnächst wieder zu Hause in meinem Lieblingscafé zu sitzen.

Und so besonders der Caprivizipfel auch sein mag: Das »Besondere« unserer Reise geht hier für mich auch deswegen verloren, weil so viele Leute genau wie wir unterwegs sind und es so viele Autos wie unseres gibt. Das Gefühl des Einmaligen, des *ersten Mals* ist weg, die Dinge sind vorhersehbarer, einschätzbarer, und das macht diese Etappe unserer Reise zum einen zwar sicherer und vertrauter, zum anderen aber auch viel weniger spannend.

»Wir haben noch genau eine Woche bis zu unserem Rückflug«, schreckt Papa mich aus meinen Gedanken, als hätte er sie lesen können. Ich nicke und schaue schweigend aus dem Seitenfenster: Wir fahren gerade durch ein Waldgebiet, über dem dramatische, von der Sonne angeleuchtete Gewitterwolken hängen. Die schwere nasse Luft drückt von allen Seiten, es riecht moderig nach Sumpf, nach nassem Grün und nach Regen.

»Genau daran habe ich gerade gedacht«, sage ich schließlich, »das ist zwar einerseits megaschade, dass wir schon wieder zurückmüssen ... Aber weißt du was? Ein kleines bisschen freue ich mich auch schon wieder auf zu Hause!«

»Mhm. Ich glaube, ich weiß, was du meinst«, sagt Papa leise und nachdenklich, und ich bin froh, dass er mich versteht und nicht etwa sauer darüber ist, wie ich empfinde.

»Viele Leute kommen hierher, um auf Safari zu gehen«, wechselt er nun das Thema. »Wegen des tropischen Klimas und der wasserreichen Landschaft gibt es hier außergewöhnlich viele Tiere ... und damit meine ich nicht die Mücken! Es gibt hier gleich vier Reservate mit so viel Wild wie nirgends sonst in Namibia. Aber ich glaube, dafür fehlt uns die Zeit.«

»Und wir waren ja schon auf Safari ...«, füge ich hinzu.

»Stimmt. Also, sieben Tage haben wir noch. Wir müssen jetzt rückwärts zählen. Was meinst du? Was wollen wir noch machen, was wollen wir noch sehen? Dabei müssen wir bedenken, dass wir im Moment so weit entfernt von Johannesburg sind wie zu keinem anderen Zeitpunkt unserer Reise!« Papa spricht weiter und fängt an aufzuzählen: »Wir könnten ans Meer, es gibt die Schule, an der wir sowieso vorbeikommen, die hohen Dünen im Namib-Naukluft-Nationalpark, das Raubkatzenprojekt, bei dem ich früher schon mal war, die Diamantenfelder mit der Geisterstadt, die Spitzkoppe ...«

»Okay, Papa, ich hab verstanden. Das schaffen wir doch niemals alles. Dann lass uns zu der Schule, und zu den Löwen will ich auf jeden Fall.«

Papa nickt zustimmend. »Und ich möchte mit dir auf die großen Dünen, die will ich dir unbedingt zeigen.«

Im Wesentlichen bedeutet das wohl, dass wir vor allem Auto fahren und vorwärtskommen müssen, wenn wir unseren Flieger nicht verpassen wollen – und so rollen wir für den Rest des Tages über die gut ausgebaute B8, und zwar insgesamt 500 Kilometer geradewegs nach Westen.

Gegen Abend erreichen wir nach sechsstündiger Fahrt die N'Kwazi Lodge bei Rundu im Norden Namibias, gelegen am Okavango, jenem Fluss, der die Grenze zu Angola bildet. Das Camp hat uns ein Freund von Papa aus Bremen empfohlen, und das Besondere an dieser Unterkunft ist die angegliederte Vorschule, die durch Spendengelder aus Deutschland – unter anderem von Papas Freund – mitfinanziert wird.

Und boah! Was ist das für ein Unterschied zu der Schule in Simbabwe! Das rot gestrichene Gebäude ist super in Schuss und liebevoll mit Motiven aus dem Zeichentrickfilm *König der Löwen* bemalt. Hier bröckelt nichts, alles ist sauber, gepflegt und ziemlich gut ausgestattet mit allem möglichen Kindergartenmaterial: Stifte, Malbücher, Knete, Spielzeug, Geschirr und Essbesteck sind reichlich vorhanden, und ich finde es beeindruckend, was Unterstützung von außen, was Spenden aus dem Ausland ganz offensichtlich bewirken können.

Diese Schule ist ein gutes Beispiel dafür, wie Hilfe funktioniert, dass jeder wahrhaftig etwas verändern und einen Unterschied machen kann, und das begeistert mich und lässt mich überlegen, ob es nicht auch für mich Möglichkeiten gibt, unterstützend tätig zu werden. Ich muss ja nicht gleich so involviert sein wie die deutsche Rentnerin, die hier beim Unterrichten und Organisieren hilft – aber vielleicht könnte ich Spenden sammeln, Vorträge organisieren ...

Der Gedanke lässt mich nicht mehr los: Wie kann ich helfen? Was kann ich tun, wenn ich wieder zurück in Deutschland bin? Auch wenn ich darauf jetzt noch keine Antwort habe, weiß ich, dass ich mich für etwas einsetzen möchte.

Hauke

Die Mayana Pre-School ist ein Vorzeigehilfsprojekt und wird nicht nur von Jungen und Mädchen aus der Umgebung besucht, sondern auch von Kindern aus Angola. Doch trotz der besseren finanziellen Situation Namibias – und besonders dieser Schule – tummeln sich hier weniger Schüler als im simbabwischen Zwelabo-Internat. Es scheint, als würden sowohl die Eltern als auch die Regierung in dieser ehemals deutschen Kolonie weniger Wert auf die Schulbildung ihrer Kinder legen als im viel ärmeren Simbabwe – wohl auch, weil viele Familien die Kinder nicht zur Schule schicken wollen oder können, da sie als Arbeitskräfte gebraucht werden. Was wiederum die Zweiklassengesellschaft fördert, die in diesem Land eine lange Geschichte hat: Schon während der deutschen Kolonialherrschaft 1884 bis 1915 wurden die Einheimischen brutal unterdrückt, ihre Aufstände wurden niedergeschlagen und Zehntausende Herero und Nama wurden durch deutsche Kolonialtruppen getötet – ein Massenmord, der als erster Genozid des 20. Jahrhunderts in die Geschichte einging. Nach der Kolonialzeit wurde Namibia, das damals noch Deutsch-Südwestafrika hieß, 75 Jahre lang von Südafrikas Apartheidsregime verwaltet, bis es schließlich 1990 ein unabhängiger Staat wurde. Und erst weitere Jahrzehnte später erkannte Deutschland die Kolonialverbrechen als Völkermord an: 2015 begannen die langwierigen Verhandlungen mit Namibia über eine Entschädigung und eine Entschuldigung.

Als wir uns in der Schule umsehen, begleitet von unserem Gastgeber und der deutschen Lehrerin, freue ich mich über die Sympathie und das Zutrauen, das uns entgegengebracht wird: Auch hier wuseln die Kids wieder um Molin herum, ein bisschen schüchtern zuerst, doch dann mutig und interessiert, und nachdem das Eis endgültig gebrochen ist, wird meine Tochter von der fröhlichen Menge umringt und umarmt, und es gibt kein Halten mehr, so begeistert ist die Schülerschar – was Molin wiederum sichtlich zu genießen scheint.

»Ich wäre eigentlich schon noch gerne nach Angola gefahren ...«, sage ich mit Blick auf die Kinder, von denen einige dort zu Hause sind. »Doch dafür ist die Zeit zu knapp.«

»Mhm. Und wir haben ja auch schon so viel gesehen ...«, entgegnet Molin, und ich glaube eine gewisse Reisemüdigkeit in ihren Worten zu erkennen.

»Na ja, einfach länger bleiben könnten wir eh nicht, ich muss schließlich wieder arbeiten, und die Flüge sind gebucht.« Doch das ist nicht alles. Neben dem Auftrag, der bereits zu Hause auf mich wartet, habe ich das starke Gefühl, zu meinem Vater zurückkehren und mich kümmern zu müssen. Und Molin hat recht: Wir sind voll. Abgefüllt mit Erlebnissen, Erfahrungen, Erinnerungen. Ich spüre, dass meine Tochter genug hat.

Meine Überlegungen führen mich wie in einer Schleife tiefer in jene Welt zurück, die wir vor knapp sechs Wochen verlassen haben: Unmittelbar zuvor war mein Vater in eine Pflegeeinrichtung gezogen, und mir wird klar, was für ein Glück wir während all unserer Reisewochen hatten, dass dort alles gut gegangen und nichts passiert ist, was uns zur sofortigen Rückkehr gezwungen hätte. Ich fühle mich plötzlich sehr dankbar, und während ich in Gedanken im Pflegeheim bin, drängt sich noch etwas anderes in meinen Kopf: Neben der latenten Sorge um die Zukunft meines Vaters sehe ich wiederum Bilder aus der Vergangenheit vor mir – Bilder von ihm in meinem Alter, als er ebenfalls in Namibia unterwegs war, Bilder von ihm in endlosen roten Dünen.

Dorthin, in die Namib-Wüste, werden auch wir bald fahren, doch vorher möchte ich noch eine andere Zeitreise in die Vergangenheit unternehmen: Auf dem Weg nach Südwesten planen wir einen Zwischenstopp in den Omboroko-Bergen nördlich der Hauptstadt Windhuk – dort liegt das

Okonjima Nature Reserve, in dem die gemeinnützige Stiftung Project Africat ihren Sitz hat.

Africat ist ein Raubkatzenschutzprogramm, das von einer alteingesessenen Rinderzüchterfamilie, den Hanssens, ins Leben gerufen wurde: Val und Rose Hanssen, ihr Sohn Wayne und die Töchter Donna und Rosalea begannen Anfang der Neunzigerjahre, zu einer Zeit, als ihre Rinder wiederholt von Raubkatzen gerissen wurden, sich dem Schutz ebendieser Katzen zu widmen, die von anderen Farmern rücksichtslos erschossen wurden. Seit jenen Anfängen ist das Projekt kontinuierlich gewachsen, hat zum Arterhalt gefährdeter Raubtiere beigetragen und bietet heute vor allem Leoparden und Geparden außerhalb der Nationalparks ein sicheres Zuhause.

Ich bin 1997 schon einmal dort gewesen, um für zwei deutsche Magazine zu fotografieren, und nun zieht es mich an jenen Ort zurück: Fünfundzwanzig Jahre später möchte ich unbedingt wissen, was aus der »Farm der Tiere« geworden ist, deren hauseigenes Schutzgebiet inzwischen von 100 auf 200 Quadratkilometer angewachsen ist, wie ich der Website entnehmen kann. Was wurde aus der einstigen »Wohngemeinschaft«, in der ein junger zahmer Löwe namens Matata die Herzen der Besucher eroberte? Matata, den ich damals etliche Male ablichtete und der zum Namensgeber für Molins Plüschtier wurde?

Matata rührte damals auch etwas in meinem Inneren an, erweckte – oder besser: wiederbelebte – Kindheitserinnerungen und uralte Sehnsüchte in mir, ausgelöst durch das Buch *Born Free* von Joy Adamson. Mit der Geschichte der jungen, von Menschenhand aufgezogenen Löwin Elsa bin ich groß geworden – das waren meine Kindheitsfantasien, meine Träume, aufgrund derer ich Molin später den Stofflöwen schenkte: Matata, das generationenübergreifende Glückstier! Dabei entgeht mir die Parallele zur aktuellen Lage nicht: Molins Altersgenossen, die jetzt im südlichen Afrika wählen dürfen, die Jugend, die nach der Apartheid groß geworden ist, wurde – als erste Generation – ebenfalls *frei geboren*.

Ich werde abrupt aus meinen Gedanken gerissen, als wir das Reservat erreichen. Wow, hier sieht nichts mehr aus wie früher! Die einst kleine Farm ist zu einer riesigen kommerziellen Anlage herangewachsen. Vor uns ragt ein hallenartiges Gebäude aus dem Busch auf, dahinter ist eine Reihe kleinerer feiner Hütten mit Strohdach zu sehen, und noch weiter hinten liegen zwischen Bäumen versteckt mehrere villenartige Flachbauten, die wohl als Gästehäuser dienen: Africat und das Okonjima Nature Reserve haben sich vom Familienbetrieb zu einem riesigen Unternehmen entwickelt, mit Luxus-Lodges und weitläufigem Campingplatz – auf dem wir so gerade noch ein Übernachtungsplätzchen ergattern. Dennoch, die Vision der Betreiber, die sich hier ihren Lebenstraum erfüllt haben, ist die gleiche geblieben: Nach wie vor wollen die Hanssens in erster Linie den Tieren helfen, und das tun sie nun mit all dem Geld, das durch den Tourismus zusammenkommt, umso effektiver.

Molin Der Eingangsbereich der Africat-Stiftung sieht aus wie eine Museumshalle, mit vielen Schautafeln, die die Geschichte des Projekts dokumentieren, mit ausgestopften Tieren, getrockneten Pflanzen und zahlreichen Fotos – ein paar davon hat sogar Papa gemacht, vor fünfundzwanzig Jahren!

Die Besitzer des Reservates treffen wir leider nicht, und ich glaube, darüber ist Papa ein bisschen enttäuscht, denn er kennt sie noch von früher. Aber das Business hier ist viel zu groß, wer weiß, wo die Hanssens gerade sind, und so werden wir stattdessen von einem Geschäftsführer namens Tristan in Empfang genommen. Bei ihm buchen wir auch gleich die volle Africat-Tour für den nächsten Morgen, und obwohl wir ja schon ein paar Safaris hinter uns haben, verspricht dieser Trip noch mal ganz anders zu werden. Auf dieser Rundtour muss man anscheinend nicht lange suchen oder herumfahren, denn die Tiere sind mit Radiosendern ausgestattet und daher leicht aufzuspüren und hervorragend zu beobachten. Es gibt zwar auch hier weite, offene Ebenen und schwer zugängliches Gelände, doch alles ist näher beisammen und viel kompakter als in den großen Nationalparks. Außerdem gibt es zusätzliche Gehege, in denen jene Raubkatzen leben, die nicht mehr ausgewildert werden können, die zu alt und zu krank sind oder bereits als Babys aufgenommen wurden: Sie werden gefüttert und gepflegt und dienen der zusätzlichen Unterhaltung der Touristen – und damit dem Einkommen der Betreiber und dem weiteren Schutz der übrigen Tiere.

Auch bei diesem Trip sind wir im offenen Geländewagen unterwegs und treffen schon nach ein paar Minuten auf mehrere Geparde, die lautlos durch das hohe Steppengras neben uns pirschen. Mit ihrer gefleckten Fellzeichnung sind sie im gelblich-braunen Gras kaum zu erkennen, ihre Tarnung ist nahezu perfekt, und wir dürfen sogar aussteigen, um etwas näher heranzugehen: Die Großkatzen sind nicht gefährlich für uns – sie selbst sind jedoch hochgefährdet, da sie sich gegen andere Raubtiere und den Menschen kaum zur Wehr setzen können. Umso wichtiger ist das Schutzprogramm dieses Reservats, das so viel kleiner ist als der Hwange Park, in dem wir diese Katzenart nicht beobachten konnten.

»Boah, sind das edle Tiere!«, flüstere ich, bevor sich die schwarz-gelben Katzen majestätisch aus dem Staub machen und dabei noch einmal langsam die Sandstraße vor uns überqueren. Sie würdigen uns keines Blickes, und während sich Papas Kameraauslöser im Dauerklickmodus befindet, habe ich genügend Zeit, die endlos langen Beine und zierlichen Körper zu bestaunen.

»Hundert Stundenkilometer schaffen die, das ist doch irre, oder?«, murmelt Papa anerkennend, während sich die Tiere entfernen.

»Jau. Schneller, als wir mit unserem Auto unterwegs sind«, stimme ich zu.

Unsere weitere Exkursion führt uns durch rotsandiges Grasland, an vereinzelten Bäumen und Wasserstellen vorbei, durch trockene Büsche hindurch und über kahle Hügel hinüber, hinter denen wir immer wieder auf Gnus, Zebras und Gazellen stoßen. Auch zwei Hyänen sehen wir gerade noch hinter einem Busch verschwinden.

Absoluter Höhepunkt ist dann jedoch der mächtige Leopard, der hoch oben in einem ausladenden Laubbaum liegt! Lässig baumeln seine Beine mit den riesigen Tatzen zu beiden Seiten eines kräftigen Seitenastes hinunter, und vor sich hat er noch die Reste eines Beutetiers in den Zweigen hängen. Wir fahren so dicht an den Baum heran, dass wir sowohl den erdig-scharfen Duft der Raubkatze als auch den rohen Fleischgeruch ihrer Beute wahrnehmen!

Mann, wie krass ist das denn? Zum Glück befindet sich der Baum in einem Großgehege, und zwischen uns und dem gefährlichen Tier ist ein Hochsicherheitszaun gespannt, sodass es uns nichts anhaben kann. Zudem scheint der Leopard pappsatt, müde und überhaupt nicht an uns interessiert zu sein. Bestimmt ist er an Touristen gewöhnt, doch das hält mich nicht davon ab, ehrfürchtig und fasziniert zu ihm hochzustarren!

Am Nachmittag, als wir von der Tour zurück sind, fühle ich mich schlapp. Mein Kopf schmerzt, und meine Glieder sind schwer. »Mir ist ein bisschen übel, Papa!«, sage ich und kriege zum Lunch keinen Bissen runter.

»Molinchen! Mensch, hoffentlich hast du dir nichts eingefangen.« Besorgt legt mir mein Vater seine Hand auf die Stirn. »Fühlt sich warm an ...«, sagt er und reicht mir eine Wasserflasche.

Junge, jetzt bloß nicht noch krank werden – das wär doch wirklich so richtig blöd!

»Hoffen wir mal, dass es nur an der Sonne liegt. An der ganzen Fahrerei heute Morgen, an der Hitze, und an nichts anderem. Bestimmt ein milder Sonnenstich. Ruh dich erst mal aus, schlaf noch ein bisschen, dann sehen wir weiter!«

Zum Glück fühle ich mich eine Stunde und mehrere Wassergläser später schon wieder besser, Appetit habe ich zwar immer noch nicht und groggy bin ich nach wie vor: »Vielleicht bin ich einfach nur fertig. Vielleicht hat mein Körper genug vom Unterwegssein«, sage ich, als wir uns für die Abreise bereit machen. »Was ist eigentlich aus Matata geworden?«, fällt mir gerade noch ein, als wir uns auf den Weg zum Haupthaus machen, um uns zu verabschieden.

»What happened to Matata, the lion, do you know?«, fragt Papa den Geschäftsführer Tristan kurze Zeit später, nachdem wir ausgecheckt haben.

Mit einem überraschten Augenaufschlag blickt der uns abwechselnd an: »*Well, yeah. I do know! Come on, I'll show you!*«

Und während ich mich noch frage, wie alt Löwen denn eigentlich werden können, zeigt Tristan auf eine Wand im Nebenzimmer. »*There he is!*«, sagt er mit Blick auf das Löwenfell, das dort hängt: Ausgebreitet, beinahe wie ein Kunstwerk, Ocker auf Weiß, ist es dort sorgfältig über drei Quadratmeter Wandfläche aufgespannt.

»*That's Matata! He was eighteen when he died.*«

Ich weiß nicht, ob ich lachen oder weinen soll.

»*Well, he certainly grew bigger. That's huge!*« Papa streichelt das Fell, und ich sehe einen etwas wehmütigen Ausdruck in seinen Augen aufflackern.

Tristan merkt wohl, dass uns das Löwenfell ziemlich aus der Bahn wirft, und so wechselt er diplomatisch das Thema: »*What do you want to do when you're all grown up?*«, fragt er mich, und ich erzähle ihm, dass ich eigentlich gern was mit Architektur machen würde, dass mir aber nun klar geworden ist, dass ich auch unbedingt helfen will: »*I would like to support people, you know? Make their lives better. That's something I learned during this trip!*«, erkläre ich ihm, ohne zu wissen, ob und wie sich meine Wünsche und Vorstellungen vereinbaren lassen.

Als wir am frühen Nachmittag aufbrechen – nicht, ohne dass ich mir noch einen Plüschlöwen als Partner für meinen Matata im Africat-Souvenirladen gekauft habe –, muss ich an den Ratschlag denken, den Tristan mir mit auf den Weg gegeben und der mich beeindruckt hat: Verbinde deine Interessen, auch wenn sie vielleicht widersprüchlich scheinen. Bringe sie zusammen, vereine sie! Mach das, was du für wichtig hältst! Auch mit Architektur kannst du Menschen helfen, zum Beispiel sicherer zu wohnen.

Hauke Ich blicke zu meiner Tochter hinüber, als wir kurz darauf durch die eintönige namibische Landschaft fahren. Überall nichts als farbloses Geröll und unifarbene Sträucher in der flimmernden Hitze. Hier und da mal eine Hütte aus Blech in der Ferne oder – noch seltener – ein entgegenkommendes Auto, dessen Fahrer kurz grüßt, bevor er im Rückspiegel verschwindet. Man kann weit sehen, und sieht doch nur wenig.

Nach drei Stunden Fahrt über das öde Zentralplateau tut sich ein Panorama vor mir auf, das mich ein bisschen ans amerikanische Monument Valley erinnert: Kies, so weit das Auge reicht, mit roten Felsformationen in der Ferne und der ikonischen, scharfgezackten Spitzkoppe am Horizont. Ich kann mich nicht sattsehen an dieser Kulisse, den Bergen, der marsartigen Wüste.

Nach einer weiteren halben Stunde Fahrt erreichen wir den Community Campground am Fuß der Spitzkoppe, die zur Erongo-Bergregion gehört. Der eindrucksvolle, etwa 1700 Meter hohe Inselberg, der abseits vom Gebirge in der Wüste liegt und wegen seiner auffälligen Form auch das »Matterhorn Namibias« genannt wird, leuchtet nun direkt über uns in der tief stehenden Sonne, und die gesamte Umgebung wirkt durch das späte Licht noch orangefarbener. Der Campingplatz ist mir von Freunden empfohlen worden, und auch an diesem Ort war ich vor fünfundzwanzig Jahren schon einmal. Doch hier hat sich – im Gegensatz zum Okonjima Reserve – überhaupt nichts verändert, und als wir uns nach Bezahlen des Eintritts auf die Suche nach einem Stellplatz machen, kann ich die Faszination der Menschen für diese steinige Wüste wieder einmal absolut nachvollziehen: Es ist wirklich eine irre, beinahe surreale Landschaft, in der wir uns befinden, und zum Glück ist der weitläufige Campingplatz so gut wie ausgestorben. Wir sind fast allein in dieser sagenhaften roten Weite, in der wir uns im letzten Tageslicht noch auf eine ganz besondere Bergtour begeben: Im goldenen Schein der Abendsonne klettern wir die steilen Granitfelsen hinauf, die mich ein bisschen an den Ayers Rock in Australien erinnern – rau und rot und wie nicht von dieser Welt. Immer höher kraxeln wir, und um uns herum erheben sich weitere, bis zu 700 Meter hohe monolithische Felsformationen, deren Anblick mir – ebenso wie die Anstrengung des Kletterns – den Atem verschlägt.

Nach unserer Rückkehr entzünden wir ein Lagerfeuer unter Millionen von Sternen, und ich glaube, so deutlich habe ich die Milchstraße über mir selten wahrgenommen. Ich kann das Universum geradezu spüren und genieße es mit meiner Tochter, genieße mit ihr diese Einsamkeit, den Duft des brennenden Holzes und die tanzenden Flammen, die uns und ein paar nahe Büsche in warmes Licht tauchen, auf diesem sandigen Campground, von dem ich sagen kann, dass er einer der schönsten ist, die ich je in meinem Leben gesehen habe.

Doch so einsam und wunderbar diese Nacht auch ist – am nächsten Morgen liefern zahlreiche aufdringlich bettelnde Kinder im anliegenden Dorf einen Hinweis darauf, dass wir hier nicht die einzigen Touristen sind. Bereits mit den ersten Sonnenstrahlen sind wir wieder unterwegs, auf leeren Straßen, denn wir haben keine Zeit zu verlieren. Wir fahren nun geradewegs nach Süden, zum Sesriem Canyon im berühmten Namib-Naukluft-Nationalpark. Noch vor Einbruch der Nacht wollen wir die ikonischen, fünf Millionen Jahre alten roten Dünen des Sossusvlei-Gebietes erreichen.

Die Tagesreise ist dank der tollen Landschaft recht kurzweilig, allerdings erfordert das Fahren wieder einmal höchste Aufmerksamkeit, da die teilweise unbefestigten Straßen für uns Europäer stets aufs Neue ungewohnt sind.

»Diese Gravel Roads sind echt nicht ohne!«, sage ich, während ich konzentriert nach rechts, zur Straßenmitte, lenke. Die bucklig gewölbte Fahrbahn, deren Schotterbelag zu den Seiten hin ziemlich stark abfällt, hat unseren Wagen in eine erschreckende Schieflage geraten lassen, was beim ruckartigen Gegenlenken durchaus in einem Überschlag enden könnte.

»Vorsicht!«, zischt Molin und beugt sich nach vorne, um sich auf dem Armaturenbrett abzustützen, während ich uns behutsam in die Waagerechte zurückmanövriere.

»Kein Wunder, dass es hier so viele Verkehrstote gibt, bei diesen Straßenverhältnissen ...«, murmele ich.

Tatsächlich ist die Zahl der Verkehrsopfer in Afrikas Subsahara-Region prozentual deutlich höher als bei uns in Europa, denn zu den schlechten Straßen kommen vielerorts noch Fahrzeuge, die nicht verkehrssicher sind, sowie die mangelnde Infrastruktur im Rettungswesen. Mehr als ein Drittel der Verkehrstoten sind Fußgänger und Radfahrer – es gibt kaum Verkehrssicherheitsregeln, Krankenhäuser sind zu weit entfernt, Krankenwagen kaum verfügbar: Aus diesen Gründen sterben in Mosambik, Namibia, Simbabwe und Südafrika leider sehr viele Menschen.

Zum Glück erreichen wir aber unfallfrei und unbeschadet unser Ziel, doch als wir am frühen Abend in die Touristenstation bei Sesriem einfahren, erleben wir unser ganz anderes blaues Wunder. Auf dem zugehörigen Campingplatz stehen mindestens 200 weiße Allrad-Camper, die alle haargenau so aussehen wie unserer, dicht an dicht nebeneinander, Auto an identischem Auto an identischem Auto, in endlosen Reihen.

Ich muss ein paarmal mit den Augen zwinkern und höre Molin neben mir japsen: »Was zum Teufel ...!« Sie wischt sich übers Gesicht, als wollte sie eine Halluzination vertreiben. »Sind das Klone, oder was?«

Die Szene mutet wahrhaftig an wie eine optische Täuschung, eine wahnhafte Fata Morgana mitten in der Wüste, und für einen Moment ist mein ganzes wunderbares Gefühl unserer Individualität komplett verpufft.

»Das sind die Leute, die ihre Tour in Windhuk beginnen. Dort mieten die alle ihre Autos und kommen dann als Erstes hierher.« Ich will mir nicht vorstellen, wie sich unsere Reise gestaltet hätte, mit was für einem Gefühl wir losgefahren wären, hätten wir ebenfalls als Startpunkt Windhuk und nicht Johannesburg gewählt ...

Ich schüttele heftig den Kopf, schüttele all diese Gedanken und mein Erschrecken ab, dass die Schweißtropfen nur so fliegen: »Komm, Molin, das wollen wir nicht sein – wir sind hier, und es liegt an uns, es anders zu machen!« Und nachdem wir an der Station schnellstmöglich und mit zusammengebissenen Zähnen die Gebühr von umgerechnet 50 Euro für Camping und Nationalparkeintritt bezahlt haben, nehmen wir erst mal wieder Reißaus, wenden den Wagen und pesen in die Dünen hinein, weg von diesem weißen Allrad-Camper-Albtraum.

Tatsächlich müssen wir uns beeilen, denn man darf sich im Naukluft-Nationalpark nur bei Tageslicht aufhalten, wir müssen also vor Einbruch der Dunkelheit wieder draußen sein, wenn wir nicht gefangen vor verschlossener Parkschranke stehen wollen. Aufgrund der späten Stunde ist unsere »Flucht« natürlich etwas riskant – dennoch, ich brauche heute unbedingt noch ein anderes Erlebnis, eine andere, eine *positive* Erfahrung.

Und so fahren wir durch das Wüstenbett nach Westen, der untergehenden Sonne entgegen und mit ihr um die Wette, eine gute halbe Stunde lang, bis wir alleine sind – und uns auch so fühlen. Hier ist um diese Zeit kein Mensch mehr, und als wir aussteigen, unsere Schuhe ausziehen und ich den warmen Sand zwischen den Zehen spüre, atme ich auf. Das fühlt sich gut an!

Barfuß klettern wir die nächstbeste Düne hinauf, wobei das Aufwärtsgehen mühsam ist, da man im weichen Sand immer wieder ein Stück zurückrutscht. Dennoch klettern wir so lange, bis wir einen guten Ausblick aufs dahinterliegende Sossusvlei haben, jene Salz-Tonpfanne, die diesem Gebiet den Namen gegeben hat und die sich uns jetzt als großes beigefarbenes Oval zwischen den roten Dünen präsentiert. Entstanden ist das Salzbett durch das Versickern und Versanden des Tsauchab, eines Flusses, der nur in besonders guten Regenjahren Wasser führt und dabei nie über diese Stelle hinausfließt.

Der Anblick ist spektakulär, doch die Sonne senkt sich nun gefährlich tief, und wir müssen vor Einbruch der Dunkelheit nicht nur wieder von der Düne hinabgeklettert, sondern auch die gute halbe Stunde zur Parkgrenze zurückgefahren sein. Und so wird der Rest des Abends zum Spießrutenlauf, in mehrfacher Hinsicht, denn obwohl wir es so gerade noch durch die Schranke und aus dem Park hinaus schaffen, erwartet uns dahinter doch nichts anderes als der gefürchtete Campingplatz. Wie in einer Sardinenbüchse stehen wir hier nun zwischen den unzähligen identischen Allrad-Campern, und zwar so nah, dass wir die Unterhaltungen unserer teilweise deutschen Nachbarn mitanhören können.

»Lass uns morgen vor Sonnenaufgang aufbrechen«, schlage ich vor, als wir unser Abendessen – Nudeln mit Soße – auf dem Campingkocher zubereiten. »Bevor es hell wird. Lass uns in den Park fahren und noch mal auf eine Düne klettern, bevor irgendjemand sonst es tut!«

Molin nickt und saugt geräuschvoll ein paar Spaghetti auf.

»Um sechs Uhr öffnet der Park, da macht die Schranke auf«, fahre ich fort, und mir wird gleich wohler bei dem Gedanken, diesen Campingplatz in Kürze wieder zu verlassen.

»Papa, bleib mal locker. Im Gegensatz zu den anderen 300 Campern hier mit ihren blitzsauberen Autos, die gerade erst in Windhuk losgefahren sind, haben wir doch schon fast 8000 Kilometer hinter uns. Wir sind denen um einiges voraus«, sagt Molin, die anscheinend meinen Frust bemerkt hat. »Auch wenn wir genau wie tausend andere so ein Auto gemietet haben ...«, sie lässt ihren Blick über die unzähligen gleichen Fahrzeuge schweifen, »... was zählt ist doch, was wir daraus machen. Wir haben unser Ding gemacht, keiner sonst hat erlebt, was wir erlebt haben. Niemand nimmt dieselben Erinnerungen und Erfahrungen mit nach Hause wie wir!«

Ich sehe meine Tochter dankbar an und nicke beinahe unmerklich: Sie hat recht. Und ihre Worte bauen mich auf und lassen mich den Campingplatz gleich viel besser ertragen.

Natürlich sind wir am nächsten Morgen nicht die Einzigen, die in den Park hineinfahren. Die Straße füllt sich nach und nach, und so scheren wir nach einigen Kilometern aus, stellen unseren Wagen am Straßenrand ab und laufen zu Fuß weiter ins Wüstengebirge hinein, auf einen entfernten Sandberg zu, der viel abgelegener und unscheinbarer ist als Dune 45, das Ziel der übrigen Touristen. Die berühmte Sterndüne liegt genau 45 Kilometer hinter dem Parkeingang – daher ihr Name –, und tatsächlich sehen wir, wie sich ein immer länger werdender Camper-Konvoi in ihre Richtung schiebt.

»Krass! Bin ich froh, dass wir nicht da in der Schlange stehen!«, sagt Molin, als wir nach mehreren Kilometern Fußmarsch »unsere« Düne erreicht haben, und ich stimme ihr von ganzem Herzen zu. Erleichtert tauchen wir einmal mehr ab in die Einsamkeit, umrunden den Fuß der Düne, bevor wir sie erklettern, die anderen Autos außer Sicht, und es scheint, als hätte noch nie ein Mensch einen Fuß auf diesen Kamm gesetzt, als wären wir die ersten und einzigen Menschen hier.

Lediglich ein paar Käfer- und Eidechsenspuren erspähen wir, als wir in der frühmorgendlichen Wüstenkälte immer höher steigen, eine Stunde lang, und als sich die Sonne schließlich zusammen mit uns über die Wüste erhebt, als wir den Gipfel genau in dem Moment erklimmen, als ihr rotes Rund über dem Horizont aufsteigt, da bin ich dermaßen ergriffen – und erschöpft –, dass mir die Luft wegbleibt.

Alle Anstrengungen haben sich gelohnt: Es ist ein ergreifendes, beinahe spirituelles Erlebnis, diese unendliche rote Wüstenlandschaft vor uns, hinter uns und überall um uns herum wahrzunehmen, in dieser puren Stille des neuen Tages, und ich weiß, dass wir ganz oben sind, über den Dingen, dass wir es geschafft und den höchsten Punkt erreicht haben. Und als die Sonne höhersteigt, als sie langsam nicht nur die Wüste, sondern auch uns erwärmt, da fällt der letzte Rest Frust und Unmut von mir ab, und mit beinahe kindlichem Übermut lasse ich mich in den Sand fallen, sauge die Stimmung auf und freue mich über das Staunen meiner Tochter: Es erinnert mich daran, wie sehr sie früher Sandkästen liebte, wie gern sie darin spielte, buddelte und grub –

und tief stecke ich meine Hände hinein in diesen Riesensandplatz, lasse den roten Sand durch meine Finger rinnen, bis Molin sich lachend neben mich setzt. Gemeinsam spielen wir im Sand, wälzen uns darin, toben, und es fühlt sich an wie damals, als meine Tochter noch ein Kind war.

Wir verbringen eine lange Zeit auf dem Dünenkamm, beinahe zwei Stunden, und mir erscheint es wie eine wunderbare Ewigkeit, die wir dort oben ganz für uns erleben – und in der wir uns so nahe sind wie nie zuvor.

Kapitel 10

Abschied – Hier endet nichts

8. bis 11. April 2019,
Namibia und Südafrika

Molin

Gemeinsam rennen und rollen wir schließlich die Düne hinab, spielerisch und unbeschwert, und als wir unten ankommen, haben Papa und ich uns voll gefunden. Wir sind so komplett auf einer Wellenlänge, und ich bin überglücklich, dass wir hier doch noch etwas zu unserem ganz besonderen Moment gemacht haben, etwas, das uns ganz allein gehört.

Gleichzeitig stürzen aber noch jede Menge andere Gefühle auf mich ein: Der Eindruck, dass ich so winzig klein in dieser riesigen Wüste bin wie ein Staubkorn im Universum, bleibt an mir haften – und das nicht nur, weil ich mich wieder wie ein Kind in der Sandkiste fühle. Es liegt eher daran, dass ich gesehen habe, wie groß die Welt ist! Außerdem sehe ich nun dem unwiederbringlichen Ende unserer Reise entgegen, und das macht mich traurig und fröhlich zugleich – traurig, weil eben alles irgendwann vorbei ist, froh, weil dieses Abenteuer, das wir zusammen erlebt haben, nun ein Teil von mir ist, den mir niemand wieder nehmen kann.

Als wir gegen halb elf den Namib-Naukluft-Park in östlicher Richtung verlassen, steht die Sonne schon recht hoch am Himmel, und die Hitze flirrt über der Straße vor uns.

»Jetzt sind wir definitiv auf dem Weg nach Hause«, sagt Papa, und auch er klingt ein bisschen wehmütig.

»Drei Tage haben wir doch noch«, sage ich instinktiv tröstend.

»Vielleicht sollten wir doch die Abkürzung durch Botswana nehmen …« Jetzt klingt Papa besorgt. »Wir müssen pünktlich sein, wir müssen schließlich unseren Flug erreichen!«

Pünktlich sein: Das mussten wir sechs Wochen lang nicht! Das klingt in meinen Ohren so typisch deutsch, dass ich beinahe grinsen muss.

Papa ist jedoch gar nicht zum Lachen zumute: »Aber das kostet noch mal 100 Dollar Eintrittsgebühren – für ein paar Stunden Fahrt durch Botswana. Und so ganz viel Zeit sparen wir wahrscheinlich am Ende eh nicht ...«, fährt er fort.

»Vor allem, wenn wir an der Grenze wieder ewig warten müssen!«, bringe ich die Überlegung zu Ende.

Und so fahren wir weiter und immer weiter südostwärts durch Namibia Richtung Keetmanshoop, um anschließend den südlichsten Zipfel von Botswana zu umrunden und danach wieder nach Nordosten, in Richtung Johannesburg umzuschwenken.

Die Namib-Wüste ist in dieser Gegend so wenig abwechslungsreich, wie man es sich kaum vorstellen kann: Sandig, vollkommen flach und bis zum Horizont mit trockenen Büschen und ein paar Bäumen gesprenkelt, verändert sich hier trotz stundenlanger Fahrt überhaupt nichts. Niemand außer uns ist auf dieser Straße unterwegs, die schnurgerade durch die endlose Ebene verläuft, alles ist monoton und gähnend leer, es gibt nichts Spannendes zu sehen, und diese ermüdende Langweiligkeit schlägt sich irgendwann auch auf unsere Stimmung nieder. Ab und zu kriecht eine Schildkröte langsam über den Asphalt und zwingt uns zum Anhalten, und das bremst uns noch weiter aus, doch auch das passt zur lähmenden Gesamtsituation.

»Genauso fühl ich mich gerade ... ich will vorwärtskommen, bin aber irgendwie zu langsam ...«, sagt Papa, als er wieder mal das Auto stoppt.

»Ich hab so langsam jegliches Zeitgefühl verloren. Man weiß ja hier nicht mal, ob man überhaupt vorwärtskommt, alles sieht seit Stunden gleich aus, als ob man in eine Zeitschleife geraten ist oder irgendwie auf der Stelle tritt …«

»Eigentlich ist das hier doch 'ne gute Strecke für dich zum Fahren, was meinst du?«, gähnt mein Vater, und ich nicke: Zwischen den Orten Mariental und Keetmanshoop ist die Straße gut ausgebaut und voll asphaltiert, und es ist so wenig los, dass wir mitten auf der Straße anhalten und aussteigen können. Papa legt sich sogar einmal genau auf den Mittelstreifen, um die Schildkröten zu fotografieren.

»Okay!«, sage ich und rutsche rüber ans Steuer, während er aussteigt, den Wagen umrundet und auf der Beifahrerseite Platz nimmt.

Hauke Offiziell darf Molin hier zwar fahren, sie ist bei der Autovermietung als zweite Fahrerin eingetragen und hat auch ihren internationalen Führerschein in der Tasche, den sie sich vor der Reise noch extra hat ausstellen lassen. Allerdings gibt es wegen ihres Alters einen versicherungstechnischen Haken: Sollte sie während eines Unfalls am Steuer sitzen, würde sich unser Selbstbehalt mehr als verdoppeln und auf satte 20 000 Rand – über 1000 Euro – heraufgesetzt werden. Aus diesem Grund ist sie bisher eher selten gefahren, und jeweils nur kurze Strecken, zumal die Straßenverhältnisse ja oft sehr grenzwertig und zum Teil auch gefährlich waren.

Jetzt allerdings merke ich, dass die Monotonie dieser Straße betäubend auf mich wirkt, und ich halte es für sicherer, wenn Molin übernimmt: Was nützt uns ein niedriger Selbstbehalt, wenn ich am Steuer einschlafe und wir im

Straßengraben landen und am Ende gar noch unseren Flieger verpassen?

»Hier ist die B1 ganz glatt und gerade, und es ist niemand unterwegs«, sage ich, »und ich brauch echt 'ne Pause, sonst fallen mir die Augen zu.«

»Kein Problem, ruh dich aus, hier kann ja nichts passieren«, erwidert Molin.

Ein Nickerchen will mir dennoch nicht gelingen, da ich das Gefühl habe, wachsam bleiben zu müssen, und weil die ewige Fahrt durch die endlose Ebene wirklich überhaupt kein Ende nehmen will, suche ich noch einmal das Gespräch mit meiner Tochter: »Es ist schon irre, dass manches immer gleich bleibt, diese Landschaft hier zum Beispiel, oder auch die Dünen heute Morgen, während wir selbst uns ständig verändern, oder?« Ich schaue von der sandigen Unendlichkeit zu Molin hinüber, die souverän am Steuer sitzt, und kann kaum glauben, dass das mein kleines Mädchen von einst ist, die kleine Molin aus dem Spielplatz-Sandkasten. »Die Dünen sehen immer noch ganz genauso aus wie vor vierzig Jahren, als mein Vater auf ihnen stand«, fahre ich fort, »aber er ist nicht mehr derselbe ...«

»Mhm«, sagt Molin. Dann fügt sie nach kurzem Schweigen hinzu: »Und wir sind auch nicht mehr dieselben ... trotzdem wiederholt sich manches wieder und wieder ... das Ankommen, Aufbrechen, das Unterwegssein: Weißt du noch die Tour nach Lappland, die du vor zwei Jahren mit Opa gemacht hast? In gewisser Weise war das ja ein Vorläufer unserer Reise. Und eine Wiederholung eurer früheren Reisen – nur ganz anders.«

»Ja, denn da war er schon schwer demenzkrank.« Ich denke zurück an jene letzte Reise, die ich zusammen mit meinem Vater anlässlich seines 80. Geburtstages unternommen habe und die zu meinen glücklichsten und traurigsten Abenteuern gehört: Ich wollte mit ihm unbedingt noch einmal zu all jenen Orten zurückkehren, die wir in meiner Kindheit so oft besucht hatten, während unserer gemeinsamen Sommer hoch oben am Polarkreis.

»Er konnte sich kaum noch an was erinnern. Die meisten Plätze kamen ihm vor, als hätte er sie zum ersten Mal gesehen ...«, sage ich leise, und ich merke, wie meine Stimme brüchig wird.

»So wie ich jetzt vieles zum ersten Mal gesehen habe, Papa. So wie du es *mir* gezeigt hast. Erhalten wir nicht so auch ein bisschen von Opas Erinnerung aufrecht?« Ohne ihren Blick von der Straße zu wenden, nimmt Molin eine Hand vom Steuer und drückt meinen Arm. Und für einen Moment vermengen sich Gegenwart und Vergangenheit, vermischt sich, wer das Kind und wer erwachsen ist, und die Wiederkehr von Geschehenem, die Ähnlichkeiten und Gegensätze meiner Reisen springen mich geradezu schmerzhaft an: Vor zwei Jahren war mein Vater selbst wieder das Kind, im Gegensatz zu früher, als ich klein war und er mit mir auf Reisen ging. Und was ich von ihm lernte, habe ich nun an meine Tochter weitergegeben – die nun ihrerseits kein Kind mehr ist.

»Ganz egal, auf welcher Reise du bist oder warst«, sagt Molin nun mit sanfter Stimme, »sowohl jetzt als auch damals hast du Erinnerungen gesammelt – und gegeben. Egal, ob im kalten Schnee, ganz oben im Norden – oder jetzt hier in der Wüste, ganz unten im Süden ...« Sie blickt zu mir hinüber, und ich muss ein paarmal schlucken, bevor ich wieder sprechen kann.

»Guck auf die Straße, Molinchen!«, sage ich krächzend und setze mich gerade hin. Und meine Tochter guckt wieder nach vorne, und wir versinken beide in unseren eigenen Gedanken und sagen nichts mehr, bis wir am Abend unsere Unterkunft erreichen – einen Campinggarten, den wir wiederum über die App gefunden haben und der ebenso unspektakulär ist wie die Landschaft um uns herum: flach und sandig, gleichförmig, ohne Höhepunkte.

An diesem Abend führt Molin ein langes Telefongespräch mit ihrer Schwester Lotta. Auch ich rede für eine Weile mit meiner jüngeren Tochter, wir tauschen Neuigkeiten aus, erzählen uns, was wir in den letzten Wochen erlebt haben, und machen Pläne für unser Wiedersehen. Es ist das erste längere Gespräch mit ihr seit fast sechs Wochen, und es lässt »zu Hause« plötzlich ganz nah erscheinen – und steigert meine Vorfreude darauf.

Auch unsere Einreise nach Südafrika am nächsten Morgen kommt mir fast wie ein Übersetzen in bekannte Gefilde vor: Nahe dem Örtchen Rietfontain überqueren wir völlig unkompliziert die Grenze, alles geht schnell, alle sind freundlich, und nach nur zwanzig Minuten sind wir auf der anderen Seite, ganz ohne akribisch kontrolliert zu werden und ohne irgendwas bezahlen zu müssen. Und während wir anschließend durch die Dörfer Klein Mier und Groot Mier fahren, überkommt mich das Gefühl einer durch und durch erfolgreichen Reise. Einer Reise, auf der wir so viel mehr gefunden haben als das, wonach wir eigentlich gesucht haben.

Molin

Knapp tausend Kilometer müssen wir in den nächsten zwei Tagen noch bewältigen, und obwohl Papa und ich uns weiterhin abwechseln, zieht sich die Fahrerei endlos.

Zum Zeitvertreib beginne ich irgendwann, in mein Tagebuch zu zeichnen: Ganz detailliert und ausführlich, denn ich hab ja viel Zeit, male ich verschiedene Karten der Länder, durch die wir gereist sind, trage die Städte ein, die wir besucht haben, und zeichne kleine Tiere, wo wir welche gesehen haben. Ich male Flüsse und Dörfer dazu, markiere unsere Übernachtungen und verbinde am Ende alles mit Linien, die unsere gesamte Route darstellen.

»Damit ich mir genau einpräge, wo wir waren, wie wir gefahren sind und was wir wo gesehen und erlebt haben ...«, sage ich, als ich Papa das Tagebuch unter die Nase halte. »Und guck, selbst die Nachbarländer hab ich dazugezeichnet!«

»Wow!«, sagt Papa anerkennend, und ich wette, er erinnert sich bestens daran, wie wenig ich noch vor ein paar Monaten über Afrika wusste.

»Guck dir mal die Verkehrsschilder an!«, sagt er jetzt. »Die sehen auch aus wie selbst gemalt – obwohl die Tiere darauf längst nicht so schön sind wie deine.« Wir fahren gerade an einem Warnschild vorbei, das eine kreuzende Kuh zeigt, und ich muss grinsen. Es folgen ein Abzweigschild und mehrere Kurvenschilder. Papa hat recht. Tatsächlich sehen sie alle unterschiedlich aus, keins ist wie das andere, und das bringt mich auf eine Idee.

»Stopp mal, Papa! Halt beim nächsten Schild an. Die sind doch wie für uns gemacht: das perfekte Mittel gegen Langeweile! Außerdem sollten wir uns eh ein bisschen strecken und dehnen bei so viel Fahrerei, damit wir keine Thrombose kriegen oder so was.«

»Hä? Was ...?« Papa klingt etwas verwirrt, aber er bremst beim nächsten Schild, auf dem eine springende Antilope abgebildet ist, die so ähnlich aussieht wie die Hirsche auf den Verkehrsschildern bei uns, die vor Wildwechsel warnen.

»Na ja, ich denke, wir sind noch gut genug in der Zeit, um uns ein paar Pausen gönnen zu können«, sagt Papa. »Zum Glück ist unsere Tour so weit ohne Missgeschicke, ohne Krankheiten, Verletzungen, Unfälle, Reifenpannen, Motorschäden oder sonstige Autoprobleme über die Bühne gegangen.«

Ich schicke ein schnelles Stoßgebet zum Himmel, dass es auch auf den letzten 800 Kilometern so bleibt, und dann halten wir für die nächste Stunde an jedem Schild und verbiegen uns und hüpfen, wie wir nur können, um zu imitieren, was auf dem Schild zu sehen ist: Zuerst ahme ich mit einem Luftsprung die Gazelle nach. Ein Stückchen weiter beugt Papa sich etwas schlapp und nur ein bisschen zur Seite, um einen nach rechts gebogenen Pfeil nachzubilden. Die Straßenkreuzung, die das nächste Schild ankündigt, kopiert er einfach mit seinen Unterarmen, die Schlangenlinien verkörpere ich mit einem kleinen Bauchtanz – wir haben einen Riesenspaß und kommen aus dem Lachen kaum heraus.

Nur kurze Zeit später werden wir allerdings daran erinnert, dass die Schilder weder zur Zierde noch als Gymnastikvorlage am Straßenrand stehen: Gerade eben haben wir einen plumpen gehörnten Büffel nachgemacht und kabbeln uns immer noch darüber, wem es besser gelungen ist, als wir plötzlich ein Geräusch hören: »*Muoooahh!*« Das röhrende Brüllen schallt bedrohlich laut durchs offene Autofenster hinein, fast wie eine Antwort auf unsere Witzeleien – allerdings ist dies nun bitterer Ernst, denn im selben Moment bricht ein mächtiges braunes Rind durch die Büsche, stolpert, fällt fast durch den flachen Böschungsgraben und stürzt auf die Straße, direkt vor unser Auto. Dort bleibt es mit eingeknickten Vorderbeinen stehen, fast kniend, und blickt in unsere Richtung, während es jämmerlich vor sich hin muht.

»Neiiiiin!«, brüllt Papa und verkrallt sich im Lenkrad, während er voll auf die Bremse tritt. Ich höre, wie hinten unsere Sachen durch den Laderaum fliegen, irgendwas schlägt hart gegens Fenster, etwas anderes landet in meinem Nacken, als unser Wagen zur Seite schleudert – haarscharf an dem Rind vorbei.

Wir werden brutal durchgeschüttelt, ich kapier gar nichts mehr und höre mich selbst angstvoll aufschreien: Um ein Haar wäre unser Wagen auf die Seite gekippt und kopfüber im Graben gelandet!

Hauke

»Puuuh, das war knapp!«, stoße ich aus, als der Wagen zum Stehen kommt. Molin und ich scheinen wohlauf zu sein, und so gilt meine nächste Sorge dem Rind, das auf der Straße unbeweglich verharrt und uns wie ein Kaninchen im Scheinwerferkegel anstarrt. Wie Schockwellen schießen mir alle möglichen Szenarien durch den Kopf: Was, wenn das Tier verletzt ist, wenn es nicht mehr laufen kann oder gar stirbt? Was machen wir dann mit ihm? Wie sollen wir den Besitzern gegenübertreten, und wie werden sie reagieren? Welche Konsequenzen hat dieser Zwischenfall für uns?

»Alles in Ordnung?« Ich lege meine Hand auf Molins Schulter, und sie nickt etwas zittrig: »Mhm. Alles okay!«

Dann steige ich mit schmerzendem Nacken aus, rolle meine Schultern ein paarmal, um zu testen, ob die Knochen noch am richtigen Platz sitzen, und nähere mich dem Rind, um zu schauen, ob es verletzt ist. Das Tier guckt mich mit großen Augen an, schüttelt seinen gewaltigen Kopf, schnaubt laut und richtet sich zu seiner vollen Größe auf. Ich weiche einen Schritt zurück und beobachte, wie der braune

Koloss sich in Bewegung setzt, sich abwendet und langsam, mit staksigen Schritten die Straße verlässt, wobei er ebenso schockiert zu sein scheint wie wir.

In jenem Moment wird mir klar, wo die am meisten unterschätzte Gefahr unserer Reise liegt – und wo sie die ganze Zeit über gelauert hat. »Mensch – und wir haben Angst vor Raubtieren gehabt?«, sage ich kopfschüttelnd, als wir wieder unterwegs sind. Aus dem Augenwinkel sehe ich, dass Molins Knie zittern, und ich umfasse das Lenkrad eine Spur fester. »Ich hätte das Rind töten können. Und an den meisten Orten, wo wir Kühe und Rinder gesehen haben, waren ja auch noch Hirten dabei. Mannomann! Stell dir vor, ein Hirte wäre auf die Straße gesprungen und wir hätten ihn angefahren! Oder wir hätten seine Kuh getötet. Dadurch hätten wir vielleicht einer ganzen Familie die Lebensgrundlage geraubt.«

»Ja. Und das Auto hätte kaputt und wir verletzt oder gar tot sein können«, flüstert Molin, und plötzlich habe ich das Gefühl, dass dies der gefährlichste und kritischste Moment war, in den wir auf unserer gesamten Reise geraten sind!

Durchgeschüttelt und aufgewühlt von dem Erlebnis entschließen wir uns, heute nicht mehr weit zu fahren. Wir sind beide platt und fühlen uns klamm, auch weil das Wetter auf einmal kalt und gewittrig geworden ist. Heute wollen wir nicht im Autozelt schlafen, und so gucken wir uns für unsere letzte Nacht auf diesem Kontinent noch einmal ein kleines Bed and Breakfast aus, etwa 300 Kilometer westlich von Johannesburg, in einer Gegend, in der die sandige Ebene beinahe unmerklich einem ebenso flachen und einförmigen Farmland voller endloser Mais- und Getreidefelder gewichen ist.

Das B & B liegt im Dörfchen Sannieshof, und wir werden dort sehr herzlich empfangen von einer christlichen weißen

Familie, deren kleines Haus angefüllt ist mit religiösen Gegenständen und Käfigen voller Wellensittiche.

»Jau, wir sind eindeutig zurück im weißen Südafrika!«, flöte ich mit den Vögeln um die Wette, als uns die Wirtin durch den vollgestellten Flur zu unserem Zimmer führt.

Wo wir denn gewesen seien, fragt sie freundlich, ob wir in Südafrika viele schöne Dinge gesehen hätten, und mit Blick aus unserem Zimmerfenster auf den Garten voller Plastikflamingos und Wichtelmännchen erzähle ich, dass wir nur ein paar Tage in Südafrika unterwegs waren, diese jedoch sehr genossen haben.

Erschöpft lasse ich mich auf mein Bett fallen, und als wir am nächsten Morgen den Camper aufräumen, unsere Sachen sortieren, Koffer packen und alles abreise- und flugfertig machen, da überkommt mich ein ganz komisches Gefühl, das sich noch verstärkt, als ich anschließend ein Telefonat nach Deutschland mit den Worten »Bis morgen dann« beende. Kaum zu glauben, dass wir in 24 Stunden wieder zu Hause sind!

»Es ist mittlerweile so normal für mich geworden, unterwegs zu sein, und es hat so viel Spaß gemacht, mit dir die verschiedenen Länder zu erkunden, dass die Vorstellung, dass es heute Abend vorbei ist, geradezu absurd erscheint ...«, sage ich zu meiner Tochter, während ich die letzte Tasche verlade und die Heckklappe schließe.

Malin Ich kann Papas Worte voll nachempfinden – auch ich habe das Reisen nun am Ende so verinnerlicht, dass es sich beinahe selbst wie ein »Zuhause« anfühlt. Wir sind angekommen, und das Unterwegssein ist zu etwas Vertrautem geworden. Und das nun hinter mir lassen zu müssen, fühlt sich seltsam an: Es ist das Ende einer einmaligen Reise, die mir so viel mehr gezeigt hat als einige Länder in Afrika!

Ich habe das Gefühl, dass ich mich jetzt auch allein auf den Weg machen kann – ohne den Schutz meines Vaters, den ich in den vergangenen Wochen noch mal ganz neu kennengelernt und verstanden habe: Er ist so viel mehr als nur mein Vater – und dabei gar nicht mal so uncool! Ich bin total dankbar, dass ich diese Reise mit ihm und niemandem sonst gemacht habe. Ich hätte mich ohnehin mit keinem anderen Menschen nach Afrika getraut. Und von niemandem sonst hätte ich das lernen können, was er mir auf dieser Reise beigebracht hat.

»Molin, guck mal auf die Karte ... sind wir hier richtig? Nach Coligny? Die Straßennummer muss 14 heißen ...«, holt Papa mich aus meinen Gedanken. Und noch ein letztes Mal breite ich die Karte aus, hantiere kurz damit herum und falte sie dann geschickt.

»Haargenau richtig!«, sage ich und muss grinsen, als Papa das Tempo anzieht, weil er wahrscheinlich schon wieder Angst hat, dass wir zu spät kommen könnten. Seit dem Beinahe-Unfall fährt nur noch er, auch, weil hier nun wieder mehr Verkehr herrscht.

»Was sollen wir eigentlich mit all den Lebensmitteln und Klamotten machen, die wir nicht mehr brauchen? Diese ganze Kiste, die wir heute Morgen aussortiert haben«, geht es mir durch den Kopf, als wir kurz vor dem Örtchen Ventersdorp, etwa 150 Kilometer vor Johannesburg, durch eine informelle Blechhüttensiedlung fahren. »Können wir die Sachen nicht noch irgendwo verschenken?« Beim Anblick der offensichtlichen Armut der Bewohner dieser Siedlung widerstrebt es mir, unsere Besitztümer einfach wegzuschmeißen.

»Ja, gute Idee, das hier ist genau der richtige Ort dafür!«, sagt Papa, und sogleich biegt er von der Hauptstraße in einen schmalen Sandweg ab, der uns geradewegs in die Ansammlung zusammengebastelter, improvisierter Behausungen hineinführt, die mich sehr an die Slums der Johannesburger Townships erinnern: Rostige Wellblechstücke sind zu winzigen, wenige Quadratmeter großen Hütten zusammengefügt, nichts passt richtig, die ins Blech geschnittenen Fenster sind schief und krumm, die Flachdächer mit Steinen beschwert, weil sie sonst wahrscheinlich wegfliegen würden. Zwischen den Hütten sind noch kleinere Konstruktionen aus Wellblech und Plastikplanen zu sehen, wahrscheinlich Latrinen, und es ist klar, dass es hier weder Strom noch fließend Wasser gibt.

Dennoch ist es hier anders als in den Slums, denn es gibt keinen herumliegenden Müll. Und dadurch, dass wir noch auf dem Land sind, sind die Hütten von Wiesen umsäumt, hier und da wachsen sogar Blumen, und es riecht gut, nach Blüten und Gras. Weiter hinten, hinter einem Zaun aus Stacheldraht, glaube ich sogar ein paar Obstbäume und ein Gemüsebeet zu erkennen.

»Wem sollen wir denn die Sachen jetzt geben, und wie? Wir können ja wohl schlecht einfach irgendwo anklopfen, ohne zu wissen, was uns erwartet. Oder? Ohne zu wissen, ob die Leute das überhaupt wollen ...«, sage ich unschlüssig, und Papa scheint auch keine Idee zu haben.

Für eine Weile kurven wir planlos zwischen den Hütten herum, dabei werden wir von den Bewohnern zunehmend misstrauisch beobachtet und beäugt.

»Hier kommen wohl sonst keine Weißen her, und die Leute rechnen nicht damit, dass wir ihnen etwas geben möchten – die denken, dass wir was von ihnen wollen«, sagt Papa, und mir wird immer unbehaglicher zumute.

»Papa, woher wissen wir eigentlich, dass es hier nicht gefährlich ist? So ohne Guide?«

»Ich glaube, dass wir hier sicher sind – in so einer ländlichen Gegend gibt es keine Gangs.« Aufmerksam schaut er sich um. »Und ich denke, dass wir rausmüssen aus dem Auto. Es ist zwar unser Schutzraum, aber es trennt uns auch von den Menschen ... es bedeutet Distanz.«

Wir drehen noch eine Runde über die staubigen Pfade, als ich plötzlich vor einer etwas zurückgesetzten Hütte drei spielende Kinder im Gras entdecke.

»Da«, sage ich bestimmt, »fahr da rüber!«, und Papa fährt hinüber, parkt vor dem kleinen Wiesenflecken, und wir steigen aus und winken den Kindern grüßend zu.

Neugierig kommen die drei näher, und ich krame die FC-Barcelona-Anstecknadeln hervor, die wir immer noch im Gepäck haben, zusammen mit einigen Barca-Luftballons, von denen ich einen für die Kids aufblase. Fröhlich und mit leuchtenden Augen beginnen sie, mit dem Ballon zu spielen, doch während ich Anstecknadeln verteile und Papa unseren Kofferraum öffnet, um die Lebensmittelkiste aus dem Auto zu hieven, tritt eine misstrauisch dreinschauende junge Frau mit Kopftuch, Leggings und einem um die Brust gewickelten, zur Babytrage umfunktionierten Frotteetuch aus der Hütte. Sie ruft etwas, was ich nicht verstehe, dann fuchtelt sie mit den Händen, und ich glaube, dass sie möchte, dass wir verschwinden. Jedenfalls sieht sie ziemlich abweisend aus, als sie ihre drei Kinder von uns weg und hinter ihren Rücken zieht.

»*Here. We have food*«, sage ich, während ich ein verpacktes Brot aus der Kiste hole, zusammen mit ein paar Äpfeln und Nudelpackungen. *»You can have it. Please take it. We don't need it anymore!«* Ich reiche ihr die Sachen, zusammen mit einem Wasserkanister. Wieder sagt die Frau etwas in ihrer Sprache, dann bedeutet sie ihren Kindern jedoch, die dargebotenen Lebensmittel anzunehmen und ihr damit in die Hütte zu folgen.

»Und jetzt?«, frage ich und sehe Papa an: Ich habe keine Ahnung, ob wir ihr mit den übrigen Sachen folgen sollen oder nicht.

»Lass uns erst mal alles auspacken«, sagt Papa, und während wir damit beschäftigt sind, nähert sich uns von der Nebenhütte eine zweite, etwas ältere Frau.

»Caroline doesn't speak English«, sagt sie, *»but I do. Hi. I'm Maria, how can I help you?«*

Nachdem wir uns vorgestellt haben, erzählen wir, dass wir unsere Sachen verschenken möchten, weil wir in ein paar Stunden zurück nach Deutschland fliegen, und sogleich packt Maria mit an und hilft uns, die übrigen Dinge aus der Kiste in die Hütte zu tragen. Drinnen erklärt sie Caroline, weswegen wir hier sind, und sofort erhellt sich der Gesichtsausdruck der jungen Mutter, die nur ein paar Jahre älter ist als ich, wie Maria uns erzählt. Wir erfahren außerdem, dass Caroline weder lesen noch schreiben kann und dass ihr ebenfalls analphabetischer Freund gerade auf Arbeitssuche in Johannesburg ist.

Während wir mit den Kindern ein paar weitere Ballons aufblasen, uns langsam weiter einander annähern, sehe ich mich um und bin erschrocken über die Armut, die sich mir hier präsentiert: Die Hütte ist so gut wie leer. Auf dem sauber gefegten Erdboden steht ein einziges roh gezimmertes Regal mit ein paar Küchenutensilien darauf. Einige Wasserkanister stapeln sich daneben, und das ist so ziemlich alles.

Das Schlaflager der Familie ist mit ein paar Tüchern abgetrennt vom Wohnraum, der mega winzig und wegen des Bleches ziemlich fragil und instabil wirkt.

Das ist ihr ganzer Besitz? Ich schiele zu Papa hinüber, um seine Reaktion mitzubekommen, doch er schaut sich bloß interessiert und unaufgeregt um. Vielleicht haben wir beide in den letzten Wochen genug Armut gesehen, um nicht mehr total schockiert zu sein – und vielleicht habe ich inzwischen auch aufgehört, in typisch deutschen Mustern zu denken, habe aufgehört, zu be- oder gar zu *ver*urteilen. »*We have more!*«, sage ich stattdessen – und ich gehe zurück zum Auto, schaue, was wir noch entbehren können, und komme mit einem Stapel Klamotten zurück, Hemden von Papa, ein paar Shorts, Flip-Flops – und bei jedem Teil, das ich Caroline in die Hand drücke, hüpft sie vor Freude und lacht und wird immer ausgelassener, bis wir schließlich gemeinsam durch die Hütte tanzen.

Hauke Nach einer guten Stunde verabschieden wir uns und machen uns auf den Weg, um die letzten Kilometer nach Johannesburg zurückzulegen.

»Ich bin froh, dass wir Caroline und Maria kennenlernen durften«, sage ich zu meiner Tochter und werfe einen kurzen Blick zurück in unseren ziemlich leeren Laderaum.

»Ich auch. Was glaubst du, wo Caroline herkommt, da sie kein Englisch spricht?«

»Ich weiß nicht, aber es gibt ja Millionen nicht registrierte Einwanderer in diesem Land. Armut und Perspektivlosigkeit verschlagen so viele Leute hierher, die Hoffnung auf eine bessere Zukunft. Das ist nicht anders als bei uns, derselbe Grund, aus dem Flüchtlinge nach Europa kommen. Nur streben diese hier nicht nach Norden, nach Europa, sondern sie suchen ihr Glück im Süden. Vor allem Menschen aus Mosambik, Simbabwe und Lesotho zieht es nach Südafrika.«

»Vielleicht weil der Weg nach Norden zu weit ist und die Sahara dazwischenliegt?«

»Vielleicht.«

Schweigend rollen wir weiter gen Osten, und während wir das Farmland hinter uns lassen und die ersten Vororte der Millionenstadt erreichen, schiele ich zu Molin hinüber und kann förmlich sehen, wie es in ihr arbeitet.

»Was denkst du, Molinchen?«, frage ich meine Tochter schließlich und fahre gleich selbst mit meinen eigenen Gedanken fort: »Es ist ein gutes Gefühl, Sachen weiterzugeben, die man nicht mehr braucht, die für andere aber nützlich sind, oder? Und es ist ein gutes Abschiedsgefühl: Wir geben etwas, nachdem wir auf der Reise so viel bekommen haben ...«

»Mhm«, nickt Molin. Dann legt sie ihre Stirn in Falten und fügt mit nachdenklicher Stimme hinzu: »Ich hab eigentlich gerade das größte Geschenk von Caroline bekommen. Es hat mich so berührt, in ihre Hütte zu schauen. Und jetzt freu ich mich total drauf, was anzufangen, einen Plan für mein Leben zu machen. Davor hatte ich Angst, aber jetzt freu ich mich drauf.« Verstohlen grinst sie mich von der Seite an. »Vielleicht werde ich ja wirklich Architektin. Carolines Hütte hat mich inspiriert, die Lehmhütten in Mosambik haben mich inspiriert, und Tristan hat mich inspiriert – mit seiner Idee, Geld zu verdienen mit dem, was man mag, und dabei gleichzeitig zu helfen ...«

Ich blicke meine Tochter an: Unglaublich, wie selbstständig und erwachsen sie in den vergangenen Wochen geworden ist! Die alte Molin, die unmotivierte Schülerin, ist verblasst, jetzt sehe ich dort, auf dem Beifahrersitz, vor allem eine junge selbstbewusste Frau sitzen – die ich voller Freude loslassen und ihren eigenen Lebensweg einschlagen lassen kann. Gleichzeitig habe ich jedoch auch das Gefühl, dass wir näher zusammengerückt sind, und das erfüllt mich mit Stolz und Glück.

»Ich finde deine Idee großartig! Und ich weiß, dass du es schaffen wirst, dass du sie in die Tat umsetzen und anderen helfen wirst.«

»Mich haben definitiv die Menschen, denen wir begegnet sind, am meisten beeindruckt, ihre Lebensfreude, aber auch wie ungerecht alles ist: Man hat doch gar keinen Einfluss darauf, in welche Situation man hineingeboren wird. Manche Leute haben kaum 'ne Chance, andere haben alle Chancen der Welt. Ich zum Beispiel – ich kann alles machen, was ich will, mir stehen alle Wege offen. Aber im Grunde hab ich einfach nur Glück gehabt, dass ich im privilegierten Deutschland zur Welt gekommen bin. Und irgendwie hab ich das Gefühl, dass ich eine Verantwortung, eine Verpflichtung habe, denen zu helfen, die weniger Glück hatten, die es nicht so einfach haben wie ich.«

Am frühen Nachmittag taucht die Skyline von Johannesburg vor uns auf, mit ihren zahlreichen Wolkenkratzern, einem alles überragenden Fernsehturm und dem Ponte-Tower, jenem berühmt-berüchtigten Hochhaus, an dem wir schon einmal vorbeigekommen sind inmitten dieser riesigen Stadt, in der unser Abenteuer vor einer gefühlten Ewigkeit begann.

Wir sind beide still geworden, und Dankbarkeit, Respekt, vielleicht sogar ein wenig Ehrfurcht liegen in der stickigen Luft, die nun wieder nach heißem Asphalt und ein wenig säuerlich nach Müll riecht, und ich muss zurückdenken an unsere ersten Tage in dieser Stadt, vor der uns so viele gewarnt hatten. »Ich bin wirklich total stolz, dass wir das gemacht haben!«, sage ich leise, und Molin nickt kaum merklich: »Mhm. Ich auch!«

Sonst sagt sie nichts, schreibt aber eifrig in ihr Tagebuch, und ein besonders großer Kreis schließt sich, nicht nur gefühlt, denn nun sind wir endgültig am Ende unserer Rundreise angelangt – nach 10 000 Kilometern, durch fünf Länder Afrikas.

Als wir schließlich die letzten Meter durch die Stadt in Richtung Autovermietung und Flughafen zurücklegen, schreibt Molin noch immer in ihr Buch, und nach kurzem Zögern frage ich sie: »Was hast du geschrieben?«

Sie lässt den Stift sinken und schaut kurz zu mir herüber. Dann liest sie mit ruhiger Stimme vor: »Danke, Papa, dass du mir das Reisen beigebracht hast! Dass ich mich dabei sicher gefühlt habe! Dass du es mir vorgemacht hast, ich es mir abgucken durfte und dennoch meinen eigenen Weg gehen konnte, es auf meine Weise machen durfte. Danke, dass du mir vertraut hast und an mich geglaubt hast, in dieser durch dich so vertrauten Fremde!«

Epilog

Mit Gurten und Karabinern gesichert balancieren wir unterhalb des silbrigen, glänzenden Kamms auf einem schmalen Catwalk, ganz dicht am Abgrund. Tief unter uns leuchtet der Rasen grün, während rechts neben uns die Spitzen des dünenförmigen Daches wie Gipfel aufragen und das Sonnenlicht reflektieren.

Der Aufstieg war etwas kniffelig, steil, schmal und nichts für Leute mit Höhenangst, aber nun, oben angekommen, ist der Ausblick fantastisch: Wegen des Föhnwindes können wir bis zu den Alpen sehen, gestochen scharf zeichnet sich das Zugspitzmassiv in gar nicht allzu weiter Ferne ab, und man kann genau erkennen, dass noch ziemlich viel Schnee auf den Bergen liegt. Auch die Stadt kann man von hier aus gut überblicken, und wir lassen den Blick schweifen, über die Frauenkirche, das Rathaus, bis zum Olympiaturm, der neben uns in den Himmel ragt.

Es ist kurz nach Mittag an diesem sonnigen Märztag im Frühling 2024. Der milde Wind zerzaust unsere Haare, und ein Gefühl von Aufbruch liegt in der Luft, als wir von oben über die Hügel des Parks schauen bis zu den japanischen Kirschen, die bereits in voller Blüte stehen.

»Vorsicht, immer gucken, wo ihr hintretet!«, sagt unser Tourleiter, als wir uns langsam, im Gänsemarsch, über das ikonische Dach des Münchner Olympiastadions bewegen.

»Der Bau des Olympiastadions begann 1969, nach einem Entwurf der Architekten Behnisch und Partner, mit einer Zeltdachkonstruktion von Frei Otto …«, doziert der Guide, und wir gucken uns grinsend an.

Und als wir kurz darauf weiterlaufen, am höchsten Punkt innehalten, um die Aussicht zu genießen, da kehren wir noch einmal in eine andere, unsere eigene Vergangenheit zurück.

»Kaum zu glauben, dass Opa an der Konstruktion dieses Daches mitgewirkt hat, Papa. Wie kommt es, dass wir uns das erst jetzt zusammen angucken?«

»Nun, ich wusste natürlich schon immer, dass er hier beteiligt war – als Mitarbeiter des Instituts von Frei Otto in Stuttgart hat er die Statik der Konstruktion mitentwickelt und den Bau des Olympiastadions fotografiert … aber er war kein einziges Mal mit mir hier. Diesen Teil seiner Arbeit hat er mir nie gezeigt – obwohl ich genau in dem Jahr geboren wurde, als sie begann …, na ja – umso schöner, dass wir jetzt hier zusammen stehen!«

Genau fünf Jahre ist unsere Afrikareise her, und wir haben beide nicht vergessen, wie am Tag nach unserer Rückkehr, damals am 13. April 2019, der Anruf kam: »Klinikum Bremen-Mitte. Herr Dressler? Ihr Vater ist gerade bei uns in der Notaufnahme eingeliefert worden – sein Gesundheitszustand ist kritisch …«

Wir fuhren sofort ins Krankenhaus, und als wir an seinem Bett saßen, seine Hand hielten, da schloss sich ein weiterer Kreis: Wir erzählten ihm von unserer Reise, davon, was wir in Afrika alles erlebt und gesehen hatten – und was nun folgen würde. »Molin will vielleicht Architektin werden. Genau wie du!« Als einzige Reaktion folgte ein leichter Händedruck von ihm. »Danke, Opa, dass du Papa das Reisen beigebracht hast …«

Im Januar 2020, knapp ein Jahr nach unserer Afrikafahrt, ist Fritz Dressler – Vater und Opa, Architekt und Fotograf – dann schließlich nach langer Krankheit gestorben.

Wir balancieren weiter, die gesamte luftige Länge des Stadiondaches entlang, während der Guide erzählt, welche besonderen Ereignisse dort unten auf dem Rasen schon stattgefunden haben.

»Ich finde, es ist wirklich eine gute Zeit, sich das jetzt gemeinsam anzusehen, bis heute war Opas Arbeit hier völlig abstrakt für mich und überhaupt nicht greifbar.«

»Na, und jetzt machst du das Gleiche wie er, hast deinen Architektur-Bachelor in der Tasche, hast – genau wie du es wolltest – in deiner Abschlussarbeit ein Zyklon-sicheres Gemeinschaftszentrum für die Menschen in Mosambik entworfen: *Circle of Protection* ... Und jetzt wirst du dein Masterstudium in Stuttgart machen ...«

»Was dein Beruf ist, wusste ich ja schon immer, auch, warum du oft so lange unterwegs warst ... aber eigentlich habe ich erst durch unsere Reise verstanden, wer du bist, wenn du nicht mein Papa bist ...«

»So wie ich es mir auch mit meinem Vater gewünscht habe. Und ich will so was auch unbedingt wieder machen, vielleicht in ein paar Jahren mit deiner Schwester Lotta ...«

Wir lassen unseren Blick in die Ferne schweifen, über das Zeltdach des Stadions, über die Stadt hinweg bis zu den Bergen am Horizont.

Wir sind beide unglaublich froh, dass wir damals das Wagnis eingegangen sind, dass wir uns darauf eingelassen haben. Denn Reisen ist fast so, wie einen Freund kennenzulernen, das haben wir beide gleichermaßen erkannt. Es ist wie eine Beziehung und kann sogar wie eine große Liebe sein: Eine tolle Reise fühlt sich an, wie die richtige Person zu treffen – dabei geht es weniger um das Ziel als darum, wie man unterwegs ist. Die richtige Reise zum richtigen Ort zur richtigen Zeit – sie ist so anregend und so voller Glück, dass man kaum anders kann, als sich in sie zu verlieben. Und das ist es, was man mitnimmt, wodurch man das Reisen schließlich aus tiefstem Herzen lieben lernen kann!

Nach zwei Stunden neigt sich die Tour über das Olympiadach ihrem Ende entgegen, und wir klettern wieder abwärts. Als wir schließlich wohlbehalten auf dem Boden ankommen, fühlt es sich nicht nur wie das Ende einer Tour, sondern auch wie ein Anfang an, wie ein Aufbruch mit reichlich Platz für die spannende und immer wieder neue Frage: Was kommt jetzt? Welche Reise folgt als Nächstes?

Dank

Wer reist, ist auch unterwegs zu sich selbst. Wer nicht losgeht, verpasst eine Chance. Was wir gemeinsam erlebt haben, ist für uns längst nicht abgeschlossen. Unsere Erinnerungen sind das Wertvollste, was wir mitgenommen haben. Dass daraus eine Geschichte bei GEO Saison wurde, verdanken wir zuallererst Mareile Fritzsche und Autor Andreas Wenderoth. Ohne deren berührenden Text wäre Christine Proske, unsere Literaturagentin, nicht an uns herangetreten mit der Idee, ein Buch aus unserer (inneren) Reise zu machen. Danke, Christine, einfach für alles.

Verena Pritschow, unserer Lektorin bei Malik, danken wir für ihre uns immer wertschätzende und inspirierende Arbeit, Margret Trebbe-Plath für ihre wertvollen Korrekturen am Text und allen anderen, die uns intensiv bei der Entstehung des Manuskriptes unterstützt haben.

Ohne all die Menschen, die uns ihre Heimat gezeigt und ihre Welt mit uns geteilt haben, wäre dieses Buch nicht möglich gewesen.

Dank an Ana und Victor, die uns vorgelebt haben, wie frei man reisen kann.

An die Organisationen und Firmen Ajimba, Bushlore, Imvelo Safari Lodges, Mozambique Horse Safaris, Pangea e. V., Africat Foundation für ihre Professionalität.

An unsere Freund:innen für eure Begeisterung und eure Vorschläge, insbesondere an Jacky und Karl Johaentges, Christoph Geiger und Christian Schüle.

An Jonas. An Kirsa. An Lotta.